BACKEN mit Sauerteig

Traditionelles Sauerteigbrot, Brötchen und mehr
für einen gesunden Körper und Darm

WAS SIE IN DIESEM BUCH ENTDECKEN KÖNNEN

DIE GRUNDLAGEN

So alt wie die Menschheit ist, so alt ist die Kunst des Brotbackens. Das erste Getreide wurde vor ca. 11.000 Jahren angebaut. Zu dieser Zeit wurde das Brot noch ohne irgendwelche Rezepte gebacken. In Deutschland gibt es die meiste Auswahl an Brotsorten, in keinem anderen Land gibt es eine so große Vielfalt an verschiedenen Broten.

Was gibt es Besseres als eine nach frischem Brot duftende Küche oder am Sonntag früh mit der gesamten Familie frisch gebackene Semmeln genießen? Brot können Sie in der Früh, zum Mittagessen oder am Abend essen. Lassen Sie sich anstecken von der Leidenschaft des Selber-Backens. In diesem Buch sollen Sie über die Vorteile vom Backen mit Sauerteig informiert werden. Probieren Sie unsere Rezepte aus und lassen Sie sich begeistern für das Backen mit Sauerteig. Sie werden sehen, dass die Sauerteigherstellung gar nicht so kompliziert ist, wie Sie vielleicht denken.

Brot aus Sauerteig ist viel bekömmlicher und mit einem deutlich höheren Nährwert als zum Beispiel Weizenmischbrote ausgestattet. Gerade Menschen, die unter Darmbeschwerden oder Unverträglichkeiten leiden, können mit diesen Sauerteigbroten ihrer Gesundheit helfen.

Nicht umsonst wird der Sauerteig als Multitalent bezeichnet. Durch seine beeindruckende Nährstoffdichte werden Sie mit Mineralstoffen wie Kalzium, Phosphor und Kalium und beim Backen mit Roggenvollkornmehl mit den Vitaminen B und E versorgt.

Ein Brot mit Sauerteig ist aromatischer im Geschmack, hält sich länger frisch und der Schimmelbildung wird vorgebeugt. Bei der Verwendung von Roggenmehl sollten Sie auf diesen Teig zurückgreifen, denn nur durch ihn wird dieses Mehl backfähig und Sie bekommen ein gutes Backergebnis.
Dadurch, dass keine zusätzliche Hefe bei der Herstellung des Teiges notwendig ist, ist die Verdaulichkeit des Brotes viel besser.

Was ist Sauerteig eigentlich?

Ein fermentierter Teig aus Wasser und Mehl wird als Sauerteig bezeichnet. In diesem Teig leben Bakterien und wilde Hefen, die den Zucker in verschiedene Säuren wie z. B. in Milchsäure umwandeln. Durch diesen Vorgang wird Ihr Teig gelockert, angesäuert und aromatisiert. Die im Mehl enthaltene Stärke wird durch die Mikroorganismen, die im Sauerteig enthalten sind, verstoffwechselt. Dafür sind keine chemischen Zusätze oder Konservierungsstoffe notwendig, sondern Ihr Teig ist vollkommen natürlich.

Sauerteig ist ein Vorteig aus Weizen- oder Roggenmehl, den Sie besonders zum Brotbacken verwenden können. Er sorgt für den unverkennbaren sauren Geschmack und die gute Lockerung des Brotes. Dieses kommt durch die eigenen Hefen und den enthaltenen Milchsäurebakterien zustande. Sie können einen Sauerteig entweder als Bio-Produkt im Onlineshop oder im Supermarkt bestellen und kaufen. Doch viel spannender ist es, wenn Sie Ihren Sauerteig selber herstellen.

Die Geburt des Sauerteiges

Durch eine Sklavin im alten Ägypten wurde 1.500 vor Christus der Sauerteig aus Zufall erfunden, so sagt man. Sie vergaß eine Schüssel voll Getreidebrei in der glühenden Sonne. Damit sie keine Strafe bekam, wollte die Sklavin dennoch den Brei zu harten, trockenen Fladen backen. Ihr Vorhaben missglückte jedoch gründlich, denn aus den gewollten trockenen Fladen wurde ein lockeres hohes Brot, so wie es in der heutigen Zeit vorkommt. Natürlich kann man nicht genau

wissen, ob es tatsächlich eine Erfindung aus Ägypten ist, jedoch wurde das durch die Bibelaussage (Moses) belegt. Fakt ist das dieser Vorfall den Wandel von den trockenen, harten Fladen zu den heute üblichen Broten gebracht hat. Während die Pyramiden gebaut wurden, konnten die Ägypter bis 15.000 Arbeiter zugleich mit Sauerteigbrot verpflegen. Aber auch in Griechenland wurden schon 800 vor Christus Sauerteigkulturen angesetzt. Die Griechen setzten ihn mit Weizenkleie und Traubenmost, der zuvor drei Tage gestanden ist, an. Ebenso wurde zu dieser Zeit schon das Anstellgut praktiziert.

Die verschiedenen Arten des Sauerteiges

Sie entscheiden selbst, welches Mehl Sie für Ihren Sauerteig verwenden möchten, jedes gängige Mehl kann zu einem Sauerteig verarbeitet werden. Die am weitläufigsten verwendete Art ist ein Sauerteig, der mit Roggenmehl angesetzt wird. Jedoch können Sie auch unterschiedliche Mehle zusammenmischen und ebenso einen Sauerteig daraus herstellen. Ihrer Fantasie sind hierbei keine Grenzen gesetzt. Bei einem Sauerteig aus Weizenmehl wird zwischen festen und weichen Teigen differenziert. Dieses ist abhängig von der Zugabe von Wasser, je mehr Wasser Sie beim Ansatz verwenden, umso weicher der Sauerteig. Wenn Sie verschiedene Sauerteige aus unterschiedlichen Mehlen angesetzt haben, können Sie diese Ansätze auch zu einem Teig verarbeiten. Probieren Sie unsere Rezepte aus und lassen Sie sich entführen in die Kunst des selber Backens und genießen Sie Ihre frisch gebackenen Produkte mit der ganzen Familie.

Bestandteile des Sauerteiges

Wie oben bereits aufgeführt, beinhaltet der Sauerteig wichtige B und E Vitamine. Diese sind für unser Gehirn, die Muskeln und auch für die Nerven sehr wichtig. Für das Wachstum, das Herz, die Leber und das Gehirn wird in erster Linie das Vitamin B6 benötigt, um ihre Aufgaben erfüllen zu können. Für werdende oder stillende Mütter ist die Folsäure sehr wichtig, da sie dem Baby und dem Fötus im Mutterleib bei seiner gesunden Entwicklung hilft.

Im Roggenbrot ist eine hohe Menge an Eisen enthalten, welches für den Transport des Sauerstoffs über die Blutbahn notwendig ist.

Als Energiequelle wird das im Sauerteig enthaltene Phosphor bezeichnet. Es kommt als Regulierer des Säure-Basen-Haushaltes dem Blut zugute.

Sie sehen also, dass ein Sauerteig eine große Anzahl an natürlichen Inhaltsstoffen besitzt und damit Ihrer Gesundheit zugutekommt.

Sauerteig im Supermarkt oder online kaufen:

Sie haben Angst vor der Herstellung des eigenen Sauerteiges? Dann können Sie jederzeit unterschiedliche Sauerteig-Artikel im Supermarkt oder im Onlineshop kaufen bzw. bestellen. Sie haben die Wahl zwischen Sauerteig-Extrakt, flüssigen Sauerteig oder Trockensauerteig. Natürlich können Sie jederzeit auf die speziell angebotenen Bio-Produkte zurückgreifen. Eine längere Haltbarkeit als beim flüssigen Sauerteig wird mit dem getrockneten Teig erreicht. Die Produkte unterscheiden sich nur nach Feuchtigkeitsgehalt.

Beachten Sie jedoch, dass bei den Artikeln, die Sie im Supermarkt erwerben können, meistens nochmals Hefe dazugegeben werden muss. Dies können Sie vermeiden, indem Sie Ihren Sauerteigansatz selbst herstellen.

Sollte es am Anfang noch nicht optimal klappen, geben Sie nicht auf, denn mit der Zeit werden Sie hierfür das nötige Fingerspitzengefühl bekommen, um ein perfektes Brot zu backen.

Hefeteig versus Sauerteig

Sauerteig:

Einen naturbelassenen Sauerteig erhalten Sie, wenn Sie Wasser und Roggenmehl zu gleichen Teilen in einer Schüssel verrühren und diese abgedeckt bei Zimmertemperatur 48 Stunden stehen lassen. Die Gärung wird durch die Stoffwechselvorgänge der Mikroorganismen erzeugt, wodurch Kohlendioxid, Essig- und Milchsäure entstehen. Dadurch entstehen die Optik und der Geschmack der verschiedenen Brotsorten. Wer ein dunkles Brot backen möchte, kann dies nur mit einem Sauerteig machen. Nur mit dem Sauerteig ist es möglich, dass Korn mit seinen Enzymen backfähig zu machen und dieses aufgespaltet wird. Um den Geschmack elastisch zu halten und die Aromen zu verstärken, werden die Essigsäurebakterien verwendet. In einer gewerblichen Bäckerei werden unterschiedliche Sorten des Sauerteigs verwendet. Die verschiedenen Sorten werden durch entsprechende Mehlsorten bestimmt. Durch die unterschiedlich hergestellten Starterkulturen entstehen verschiedene Sauerteige, welche in steriler Umgebung gezüchtet werden. Dabei wird ein Teil des Teigs aufbewahrt, damit eine Grundlage für weitere Sorten des gleichen Teigs herangezüchtet und gebacken werden können. Durch verschiedene Zuchten können Sie unterschiedliche Teigsorten herstellen.

Hefeteig:

Der Grundstein des Hefeteiges wird aus den Zutaten Zucker, Fett, Mehl, Wasser und Hefe gelegt. Für die Produktion des notwendigen Kohlenstoffdioxids ernähren sich die einzelligen Pilzkulturen der Backhefe vom hinzugegebenen Zucker. Sie können sämtliche Zutaten zusammen zu einem Teig verarbeiten und ihn anschließend abgedeckt bei Zimmertemperatur ruhen lassen. Die verwendeten Zutaten sollten im besten Fall eine Temperatur von ca.. 32 Grad haben, da die Hefepilze erst ab dieser Temperatur aktiviert werden können. Die Mikroorganismen der Hefe sterben aber ab einer Temperatur von 45 Grad ab und können die Hefe somit nicht mehr aktivieren. Damit sich die Hefe schnellstmöglich vermehren kann, eignet sich eine gute Sauerstoffzufuhr. Des-

halb sollte der Teig niemals luftdicht verschlossen werden, da der entsprechende Druck in einem geschlossenen Gefäß die Hefe absterben lässt. Eine Hefezucht in der Industrie geschieht über elf Tage in mehreren Schritten. Erst dann entsteht die verpackte Trockenhefe oder der gepresste Hefewürfel. Achten Sie jedoch darauf, dass die Hefe frisch verwendet wird und den Geschmack dabei nicht verfälschen kann.

Unterschied zwischen Hefe- und Sauerteig

Hefeteig ist hauptsächlich für Gebäck geeignet und für einen schnellen Verzehr empfohlen. Der Hefeteig kann frittiert, gekocht oder gebacken werden. Hefe und Milchsäurebakterien machen den Sauerteig länger haltbar. Sämtliche glutenhaltige Getreidesorten können mit Sauerteig gebacken werden. Anders als ein Hefeteig braucht der Sauerteig einen längeren Zeitraum, um seine Reife abzuschließen. Um einen Sauerteig erstellen zu können, benötigen Sie keine Hefe. Die Milchsäurebakterien im Teig lassen den Teig aufgehen. Im Gegensatz dazu wird ein Hefeteig mit Weizen verarbeitet und hergestellt. Hefeteig ist allerdings unverträglicher als der Sauerteig, da durch ihn viele Allergien und Unverträglichkeiten ausgelöst werden können. Der Sauerteig hingegen ist leicht verträglich und dementsprechend auch gut zu verdauen.

Gesundheitliche Vorteile des Sauerteiges

Wenn Sie sich für ein Rezept eines Vollkornbrotes aus Sauerteig entscheiden, führen Sie Ihrem Körper Jod, Magnesium, mehrere B-Vitamine und Zink zu. Diese Mineralstoffe helfen Ihnen, Ihre Abwehrkräfte zu festigen sowie Blutfett und den Blutzucker konstant zu halten. Durch den Genuss eines Sauerteigbrotes helfen Sie weiterhin Ihrer Verdauung, da die Körner bei der Fermentation schon aufgeschlossen werden. Studien zeigen auch das, dass Enzym des Sauerteiges die Kalziumverwertung unterstützt und somit für einen stabilen Knochenbau sorgt.

Durch die Säure im Teig werden gesundheitsschädigende Keime abgetötet.

Gehen wir jetzt auf die Vorteile des Backens von Roggenbrot ein. In der heutigen Zeit verzichtet immer noch ein großer Teil der Bevölkerung auf den Genuss des Roggenbrotes. Dabei ist es wissenschaftlich erwiesen, dass dieses Brot jede Menge Ballaststoffe enthält. Schon mit vier

Scheiben täglich können Sie einen sehr großen Teil der benötigten Tagesmenge zu sich nehmen. Neben den Mineralstoffen sind im Roggenbrot auch Folsäure und viele Vitamine enthalten. Stellen Sie Ihr Brot selber her, können Sie sicher sein, dass keine künstlichen Zusatzstoffe und Aromen darin enthalten sind. Besonders geeignet ist das Roggenbrot für Diabetiker, da der Blutzuckerspiegel langsamer ansteigt als bei Brot, das ohne Sauerteig gebacken ist.

Für Personen, die durch Gluten Probleme bei der Verdauung haben, ist ein Sauerteigbrot eine gute Alternative, da der Sauerteig für eine Besserung der Verdauung und damit der Darmgesundheit beitragen kann. In der Fermentation wird das Gluten schon ab- und umgebaut, demzufolge ist nur noch ein sehr geringer Anteil des Glutens im Brot enthalten.

Allerdings ist für Personen mit einer echten Zöliakie oder Glutenunverträglichkeit auch ein Sauerteigbrot nicht geeignet, da das Gluten nicht vollständig zersetzt werden kann.

Was brauchen Sie für die Herstellung eines Sauerteiges?

Zuallererst brauchen Sie einen Sauerteigansatz. Auf die Zutaten und Herstellung des Ansatzes gehen wir später noch genau ein.

Jetzt gehen wir auf das von Ihnen benötigte Equipment ein. Denn für einen guten Sauerteig brauchen Sie die geeigneten Materialien in der passenden Größe.

Fangen wir mit der Aufbewahrung an. Der Teig soll ausreichend Platz in dem Gefäß haben, damit er gut aufgehen kann. Das beste Gefäß wäre ein großes Glas, das Sie mit dem passenden Deckel abdichten können. Ein weiterer Vorteil des Glases ist, dass Sie den Gärungsprozess jederzeit beobachten können. Ebenso können Sie nach Gebrauch das Glas leicht reinigen und wieder verwenden. Damit ist es möglich, die geforderte Hygiene einzuhalten. Möchten Sie kein Glas benutzen, achten Sie bei dem von Ihnen verwendeten Gefäß darauf, dass es säureresistent und lebensmittelecht ist. Optionen für andere Gefäße wären Keramik, Edelstahl oder Porzellan. Möchten Sie das perfekte Brot backen, dann greifen Sie zu einem Gärkörbchen. Es unterstützt Sie, indem es dem Teig beim Aufgehen hilft und Ihrem Brot ein tolles Muster verleiht.

Weiterhin empfehlen wir Ihnen, eine Teigkarte zu benutzen. Denn sie ermöglicht es, dass Ihr Teig nicht im Gefäß kleben bleibt und Sie ihn ohne Probleme auseinandertrennen können. Um Ihrem Brotteig eine formvollendete Oberfläche zu geben, ist der Einsatz einer Bäckerklinge sinnvoll. Wenn Sie Ihr Brot an der Oberseite einschneiden, wird das Aufreißen an der Seite vermieden. Ihr fertiges, frisch gebackenes Brot ist in einem Brotbeutel aus Leinen sehr gut aufzubewahren. Damit wird die Haltbarkeit und Frische Ihres Brotes verlängert.

Mit diesem Equipment sind Sie bestens ausgerüstet, um Ihr erstes, selbst gebackenes Sauerteigbrot auszuprobieren.

ANSTELLGUT

Im folgenden Teil erfahren Sie alles Wissenswerte über das Anstellgut.

Wenn Sie das erste Mal einen Sauerteig herstellen möchten, wird dafür die sogenannte Starterkultur benötigt. Durch viele Millionen kleinster Mikroorganismen, die in dieser Starterkultur wohnen, wird Ihr Teig in kulinarische Backwaren fermentiert.

Sie können dieses geniale Backerlebnis unendliche Male wiederholen. So können Sie Ihren Sauerteig vermehren und weiterführen.

Die Starterkultur ist verantwortlich für die starke Triebleistung und führt zu lockeren Broten, die mit einem einzigartigen Geschmack und milder Säure ausgestattet sind.

Durch die im Teig lebenden Mikroorganismen werden die Pflanzengifte des Getreides in höchstem Maße abgebaut. Die wichtigen Nährstoffe und Mineralien werden somit besser verfügbar für Ihren Körper gemacht.

Was ist ein Sauerteigstarter?

Ein Sauersteigstarter besteht immer aus Spezialmehl, in dem lebende Milchsäurebakterien enthalten sind. Dieser Starter ist perfekt zur leichten Herstellung von Anstellgut geeignet.

Vorteile davon sind die leichte Handhabung und Herstellung von unterschiedlichen Sauerteigen.

Was ist mit Anstellgut gemeint?

Das Anstellgut ist das Vorstadium des eigentlichen Sauerteiges.

Damit ist eine eher kleine Menge gemeint, die Sie im Kühlschrank aufbewahren müssen und regelmäßig füttern sollen.

Von Ihrem ersten Sauerteig behalten Sie einen Rest Teig, den Sie nicht backen, sondern aufbewahren. Damit können Sie am nächsten Backtag mit einem Teil des Anstellgutes, das Sie mit Wasser und Mehl mischen, einen neuen Sauerteig herstellen.

Wie lange muss ein Anstellgut reifen?

Für Ihren Sauerteig nehmen Sie einen kleinen Teil des Anstellgutes, decken ihn mit Frischhaltefolie ab und lassen ihn bei Raumtemperatur zwischen 18 bis 24 Stunden reifen.

Den Rest von Ihrem Anstellgut können Sie im Kühlschrank in einer Plastikbox zwischen drei bis vier Wochen aufbewahren.

Wann müssen Sie Ihr Anstellgut füttern?

Wenn Ihre Starterkultur gut aufgegangen ist, können Sie diese entweder zum sofortigen Backen verwenden oder gut verschlossen im Kühlschrank aufheben. Nach spätestens sieben Tagen wird es Zeit, dass Sie Ihr Anstellgut füttern.

Können Sie Anstellgut kaufen?

Natürlich können Sie schon ein fertiges Anstellgut kaufen. Viel schöner ist es jedoch, das eigene Anstellgut selbst herzustellen. Bedenken Sie aber, dass Sie hierfür mehrere Tage Zeit brauchen, bis es die richtige Konsistenz erreicht hat.

Was können Sie mit dem Anstellgut machen, wenn Sie länger nicht backen?

Ihr Anstellgut hält sich ca. sieben Tage im Kühlschrank. Möchten Sie in dieser Zeit kein weiteres Brot backen, müssen Sie es regelmäßig auffrischen, damit die Mikroorganismen lebendig gehalten werden. Ist Ihnen der Aufwand dafür zu groß, können Sie das Anstellgut auch trocknen oder einfrieren.

Wann ist Anstellgut aktiv?

Wenn sich Ihre Sauerteigkultur bei einer Raumtemperatur von ca. 26 °C zwischen vier bis sechs Stunden verdoppelt, ist die optimale Voraussetzung für die Herstellung eines Sauerteigbrotes gegeben.

Wann ist Anstellgut schlecht?

Ob Ihre Starterkultur schlecht ist, können Sie am Schimmelbefall und einem beißenden Geruch des Teiges feststellen. Schlechtes Anstellgut kann nicht mehr aufgefrischt oder verwendet werden.

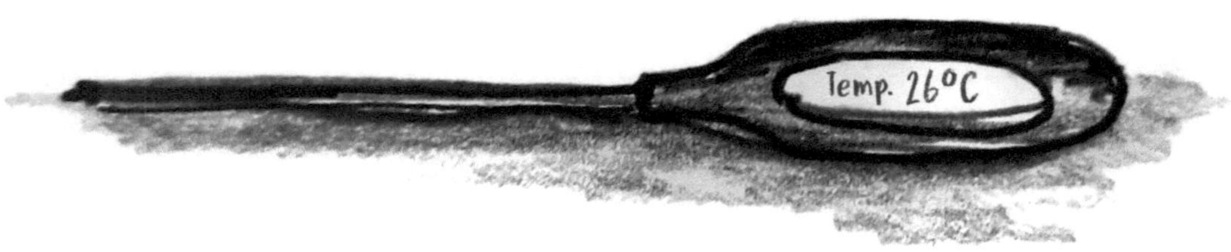

Was bedeutet Anstellgut TA 200?

Oft finden Sie bei einer Rezeptangabe einen Zusatz hinter dem Anstellgut. Damit wird festgelegt welches Mengenverhältnis Mehl und Wasser zueinander haben. Bei einem TA von 140 heißt das auf 1.000 g Mehl kommen 400 ml Flüssigkeit. Gleiche Teile von Mehl und Wasser werden bei einem TA 200 verwendet.

Welches Gefäß soll für das Anstellgut verwendet werden?

Für eine Starterkultur empfehlen wir, hygienisch reine Fermentationsgläser zu verwenden. Diese Gläser können Sie online einzeln oder als Set bestellen. Als Verschluss ist ein Silikondeckel optimal geeignet.

Wie oft sollen Sie das Anstellgut füttern?

Jeden Tag, am besten zur selben Zeit wäre die perfekte Fütterung. Das Verhältnis muss dabei 1:2:2 sein. Das bedeutet bei 10 g Anstellgut füttern Sie mit 20 g Mehl und 20 ml Wasser. Wichtig dabei ist es, dass Sie immer zuerst das Wasser und dann das Mehl zugeben.

Was machen Sie mit zu viel Anstellgut?

Wenn Sie Ihr Anstellgut regelmäßig füttern, bleibt es nicht aus, dass Sie auf einmal eine zu große Menge haben. Eine Möglichkeit wäre es, leckere Sauerteigcracker oder ein Auffrischbrot zu backen. Möchten Sie jedoch gar nichts backen, müssen Sie einen Teil davon wegschmeißen.

Wie viel Anstellgut sollten Sie aufbewahren?

Backen Sie regelmäßig Brot oder Gebäck aus Sauerteig ist es sinnvoll, immer eine kleine Menge Anstellgut zu Hause zu haben. Damit es im Kühlschrank weiterlebt, müssen Sie es alle sieben Tage mit 65 ml lauwarmen Wasser auffrischen.

Wie soll ein gutes Anstellgut riechen?

Ein eindeutiger säuerlicher Geruch zeigt Ihnen, dass Ihr Anstellgut richtig arbeitet. Sollte dieser Geruch fehlen, ist dies ein Zeichen, dass Ihr Starter noch nicht stabil ist. Damit besteht die Gefahr, dass die nicht erwünschten Mikroorganismen sich ausbreiten und Sie Ihr Anstellgut verlieren werden.

Können Sie Ihr Anstellgut aus der Kühlung sofort verwenden?

Ja, das wird sogar empfohlen. Damit ist die optimale Aktivität gegeben und Sie können es sofort zum Ansetzen Ihres geplanten Sauerteiges verwenden.

Wie erkennen Sie gutes Anstellgut?

In der Reifung verdoppelt sich mindestens das Volumen des Sauerteiges. Sie sehen während der Reifung eine Wölbung nach oben. Die optimale Reife hat der Teig dann erreicht, wenn diese Wölbung ein kleines bisschen einfällt.

Wann ist Ihr Anstellgut fertig?

Wenn sich das Anstellgut innerhalb von 12 bis 15 Stunden auf mindestens das Doppelte vergrößert hat, kann es in den Kühlschrank.

Ideen zur Verarbeitung von Anstellgutresten

Es gibt viele Möglichkeiten zur Verarbeitung von Ihren Anstellgutresten. Wenn Sie diese Reste trocknen und mit der Küchenmaschine mahlen, können Sie das Mehl zum Panieren verwenden. Auch als Zusatz für Hefeteige ist es bestens geeignet. Dieses dient zur Geschmacksverbesserung und besserer Wasserbindung. Auch zum kochen können Sie das Mehl z. B. als Soßenbinder verwenden.

Haben Sie keine Angst vor unangenehmen Gerüchen, diese werden sich beim Erhitzen verflüchtigen. Damit können Sie Ihr Anstellgut auch noch zum Kochen einsetzen, wenn es schon einige Wochen alt ist.

Wie müssen Sie einen Sauerteig füttern?

Möchten Sie ein Brot mit einer großen Menge Sauerteig backen, müssen Sie das Ausgangsgewicht zumindest verdoppeln, besser wäre es, die Menge zu verdrei- bis vervierfachen. Das bedeutet, zum Verdoppeln nehmen Sie bei 200 g Sauerteig, 100 g Mehl und 100 ml Wasser.

Wann ist Sauerteig hochaktiv?

Dieser Zeitpunkt ist erreicht, wenn sich Ihr Teig bei einer Zimmertemperatur von ca. 25 °C innerhalb von vier bis acht Stunden verdoppelt.

Wie müssen Sie einen Sauerteig pflegen?

Einen kleinen Rest Sauerteig von Ihrem Brot aufbewahren und im Kühlschrank aufbewahren. Gegebenenfalls müssen Sie ihn mit Wasser und Mehl nachfüttern.

Welche Menge Sauerteig brauchen Sie für ein Kilo Brot?

Für ein Sauerteigbrot aus verschiedenen Mehlen (500 g Weizenmehl, 250 g Roggenmehl und 250 g Weizenvollkornmehl) benötigen Sie ca. 335 g Sauerteig-Anstellgut oder Starterkultur, 670 ml Wasser und 20 g Salz.

Wie viel Sauerteig brauchen Sie für 500 g Mehl?

Dieses ist abhängig davon, mit welchem Mehl Sie backen möchten. Bei einem Brot aus reinem Roggenmehl oder ein Mischbrot müssen Sie auf 500 g Roggenmehl ca. 500 bis 1000 g Sauerteig benutzen.

Bei einem reinen Weizenbrot brauchen Sie auf 500 g Weizenmehl ca. 150 g bis 200 g Weizensauerteig.

Können Sie einen Weizensauerteig mit Roggenanstellgut machen?

Ja, auch einen Weizensauerteig können Sie mit Roggenanstellgut machen. Auch in dieser Kombination erreicht der angesetzte Sauerteig das dreifache Volumen und das Brot ist geschmacklich keinesfalls schlecht.

Können Sie einen Sauerteig umzüchten?

Um keine verschiedenen Anstellgute lagern zu müssen, ist es gut zu wissen, dass man jeden Sauerteig umzüchten kann.

Sie können nahezu jedes Mehl für einen Sauerteig verwenden. Machen wir ein Beispiel. Sie haben das Anstellgut aus Weizenmehl und möchten aber ein reines Roggenbrot backen.

Nehmen Sie dazu am Morgen des 1. Tages 10 g von Ihrem Weizen Anstellgut und füttern Sie es mit 20 g Roggenmehl und 20 ml Wasser.

Am Abend nehmen Sie 20 g vom Anstellgut und vermischen es mit 40 g Roggenmehl und 40 ml Wasser. Das übrig gebliebene Anstellgut entsorgen.

Am 2. Tag morgens und mittags nach demselben Verfahren füttern wie am Tag 1. Am Abend verändern Sie das Verhältnis auf 1:3:2. Nehmen Sie dazu 50 g Anstellgut, vermischen es mit 150 g Roggenmehl und 100 ml Wasser.

Jetzt haben Sie durch diese umfassende Anfütterungsphase einen reinen Roggensauerteig, der allenfalls noch Spuren von Weizen enthalten kann.

Wichtig ist zu wissen, dass das Verhältnis sich nur bei Roggenmehl zu 1:3:2 verändert am Abend des 2. Tages. Bei Dinkel und Weizenmehl ist das Verhältnis 1:3:3.

Dieses Beispiel eignet sich genauso, wenn Sie aus einem Roggen Anstellgut einen Weizen- oder Dinkelsauerteig herstellen möchten.

Besonders vorteilhaft beim Umzüchten ist die große Triebstärke des Sauerteiges.

Buch-
weizen
Mehl

Welches Mehl bei Glutenintoleranz?

Bei Glutenintoleranz können Sie problemlos zu Buchweizenmehl greifen. Der Sauerteig funktioniert auch mit diesem Mehl hervorragend.

Fehlersuche – Was ist, wenn Ihr Sauerteig nicht aufgeht?

In den meisten Fällen liegt es daran, dass die Raumtemperatur zu niedrig ist. Beachten Sie immer, dass die Zimmertemperatur bei ca. 25 °C bis 27 °C liegt. Ist das nicht möglich, können Sie Ihren Sauerteig auch bei eingeschalteter Ofenlampe im Backofen gehen lassen. Darin hat er genügend Wärme, um sich gut vermehren zu können.

Aber auch wenn der Sauerteig noch zu jung ist, hat er noch nicht genug Triebkraft. Um seine Triebkraft vollends zu entwickeln, muss er mindestens drei bis vier Wochen alt sein, um stabil zu sein.

Wenn Sie nicht genug Zeit haben, empfehlen wir die Zugabe von Hefe, die die fehlende Triebkraft des Sauerteiges ersetzt.

Weitere Fehler können durch zu langes Kneten entstehen. Auch dadurch kann es passieren, dass Ihr Sauerteig nicht richtig aufgeht.

KLEINES LEXIKON ZUR SAUERTEIG-ZUBEREITUNG

Bevor es losgeht, hier noch ein paar Fachbegriffe, die wir in den Rezepten verwenden. Sie können diesen Teil natürlich auch überspringen und zurückkommen, wenn Sie in einem der Rezepte auf einen Begriff stoßen, den Sie noch nicht kennen.

ALTBROT

Verwendung von älterem Brot, welches jedoch noch hygienisch einwandfrei ist.

GARE

Zeit, die ein Teig oder Teigling zum Gehen braucht.

KLOPFTEST

Wenn man vorsichtig auf die Unterseite des Brotes klopft und es hohl klingt, ist Ihr Brot durchgebacken.

SCHWADEN

Schwaden sind einfach nur eine andere Bezeichnung für Wasserdampf. Wenn das Rezept Schwaden erfordert. Heizen Sie von Beginn an ein zusätzliches Backblech ganz unten im Ofen mit auf. Schütten Sie dann, wenn Sie den Ofen füllen, 1 Tasse Wasser in dieses Blech und schließen Sie sofort die Ofentür. Beachten Sie bitte, dass sofort ein heißer Wasserdampf entsteht, wodurch Verbrennungsgefahr besteht.

SEITAN

Weizeneiweiß, Weizengluten

STIPPROLLE

Brotwalze, die den Teig in verschiedenen Abständen durchlöchert.

STRETCH AND FOLD

Bei der Stretch and Fold Methode werden weizenlastigen Teigen durch mehrmalige Dehnung und Faltung des Teiges eine bessere Struktur verliehen. Des Weiteren verbessert sich der Gasaustausch im Teig.

STÜCKGARE

Letzte Reifezeit des Teiglings vor dem Backen.

STOCKGARE

Reifezeit des ungeformten Teiges, bis er verarbeitet wird.

VOLLGARE

Optimaler Gärzustand des Brotes. Das heißt, die Kruste ist nicht aufgerissen, sondern schön glatt.

TA

Mengenverhältnis Wasser / Mehl

REZEPTE

GRUNDREZEPTE SAUERTEIG

GRUNDREZEPT FÜR ROGGEN SAUERTEIG

ZUTATEN

200 g Roggenmehl (Vollkorn und frisch gemahlen)
200 ml Wasser

ZUBEREITUNG

Am 1. Tag mischen Sie in einem großen Behälter (am besten aus Glas) 50 g Mehl mit 50 ml handwarmen Wasser. Diesen Teig verrühren Sie, bis eine klebrige Masse entstanden ist. Das Gefäß an einem warmen Ort aufstellen und den Teig gehen lassen.

Am 2. Tag füttern Sie Ihren Teig mit 50 ml Wasser und 50 g Mehl. Wichtig dabei ist, dass immer das Wasser zuerst hinzugefügt wird. Rühren Sie die Masse wieder zu einem glatten Teig. Das Glas mit einem Tuch abdecken und noch mal für 24 Stunden gehen lassen.

Wenn Sie am 3. Tag Ihren Teig anschauen, sehen Sie, dass er ein bisschen blubbert und kleine Bläschen aufsteigen. Außerdem riecht er jetzt schon säuerlich. Füttern Sie heute den Teig mit 100 ml Wasser und 100 g Mehl, alles gut verkneten, sodass ein glatter Teig entsteht, und weitere 24 Stunden stehen lassen.

Am Tag 4 haben Sie dann Ihren perfekten Sauerteig. Nehmen Sie 100 g vom Sauerteig ab und behalten ihn als Anstellgut für Ihren nächsten Sauerteig. Bewahren Sie Ihr Anstellgut in einem Schraubglas auf, welches Sie leicht verschlossen im Kühlschrank aufbewahren. Diesen können Sie 7 bis 14 Tage aufheben. Beachten Sie bitte das Sie das Glas nicht zu fest verschließen, da sich wieder neue Gase entwickeln.

Tipps für Ihren ersten selbst gemachten Sauerteig

- immer auf höchste Sauberkeit achten,
- mit lauwarmem Wasser den Teig zubereiten,
- den Teig immer bei einer Temperatur zwischen 21 °C und 29 °C reifen lassen sowie
- nie den Teig luftdicht verschließen, damit die entstehenden Gase entweichen können.

GRUNDREZEPT LIEVITO MADRE – MILDER WEIZENSAUERTEIG

ZUTATEN

100 gWeizenmehl Type 550 oder 1050

50 ml Wasser 35 °C

ZUBEREITUNG

1. Schritt

Mischen Sie 100 g Mehl mit 50 ml auf 35 °C erwärmtes Wasser und kneten Sie den Teig gründlich durch. Diesen Ansatz in ein hohes, schlankes und sauberes Gefäß geben. Bei einer Zimmertemperatur von 25 °C bis 30 °C abgedeckt für 48 bis 72 Stunden reifen lassen. Kneten Sie den Teig alle zwölf Stunden einmal durch. Der Ansatz ist gut, wenn sich erste Bläschen bilden und der Teig anfängt aufzugehen.

2. Schritt

Nehmen Sie vom Ansatz 50 g Teig aus dem Gefäß und lösen ihn in 35 °C warmen Wasser auf. Schlagen Sie die Masse leicht schaumig und fügen Sie 50 g Mehl hinzu. Jetzt gut durchkneten und zurück ins Gefäß geben. Bei einer Raumtemperatur von 25 °C bis 30 °C wieder für 48 Stunden stehen lassen. Wenn sich der Teig verdoppelt hat und ein leicht säuerlicher Geruch entstanden ist, kann der Teig weiter gefüttert werden.

3. Schritt

Wiederholen Sie den 2. Schritt so lange, bis sich in drei bis vier Stunden der Ansatz verdoppelt bis verdreifacht hat. In der Regel dauert es zwischen 8 bis 14 Tage. Je mehr Tage vergehen, umso schneller vermehrt der Ansatz sich.

Hinweise

Als alleiniges Triebmittel ist der Ansatz noch nicht geeignet. Erst wenn sich der Ansatz innerhalb von zwei bis vier Stunden verdoppelt bis verdreifacht hat, ist er alleiniges Triebmittel ausreichend. Der Ansatz sollte immer einen leichten, säuerlichen, aber auf keinen Fall einen unangenehmen Geruch haben. Frischen Sie die fertige Lievito Madre auf jeden Fall aller acht Tage auf. Damit wird sie triebkräftiger und aromatischer.

SAUERTEIG-BLITZBROT

ARBEITSZEIT: ca. 15 Minuten
RUHEZEIT: ca. ein Tag fünf Stunden
BACKZEIT: ca. eine Stunde zehn Minuten
GESAMTZEIT: ca. ein Tag sechs Stunden 25 Minuten

ZUTATEN

SAUERTEIG:

1 Tasse Weizenmehl

½ Tasse lauwarmes Wasser

1 TL Zucker

2 TL Trockenhefe

HAUPTTEIG:

2 Tassen Weizenmehl

½ Tasse Roggenmehl

½ Tasse Weizenvollkornmehl

2 EL Körner

1 EL gemahlenen Kümmel

1 ¼ Tassen lauwarmes Wasser

1 EL Salz

ZUBEREITUNG

Wenn Sie einen neuen Sauerteig ohne Anstellgut ansetzen müssen, mischen Sie alle Zutaten gründlich durch und verrühren Sie den Teig so lange, bis eine homogene Masse entstanden ist. Lassen Sie den Teig für ca. 24 Stunden gehen.

Stellen Sie aus dem Mehl, Körnern, Wasser, Salz und Kümmel einen schwer reißenden Teig her. Füllen Sie den Teig in die vorbereitete Form, ritzen Sie den Teigling kreuzweise ein und lassen ihn zwischen zwei bis vier Stunden bei Zimmertemperatur gehen. Fertig ist er, wenn sich sein Volumen verdoppelt hat bzw. wenn der Teig den Rand der Form erreicht hat.

Heizen Sie den Backofen auf 170° C Ober- / Unterhitze vor. Nach Erreichen der Temperatur schieben Sie das Brot in den Ofen und backen es für ca. 60 Minuten. Nun lösen Sie das Brot aus der Form und lassen es noch zehn Minuten ringsherum bräunen.

Nehmen Sie das Brot aus dem Ofen und lassen Sie es auf einem Kuchenrost auskühlen.

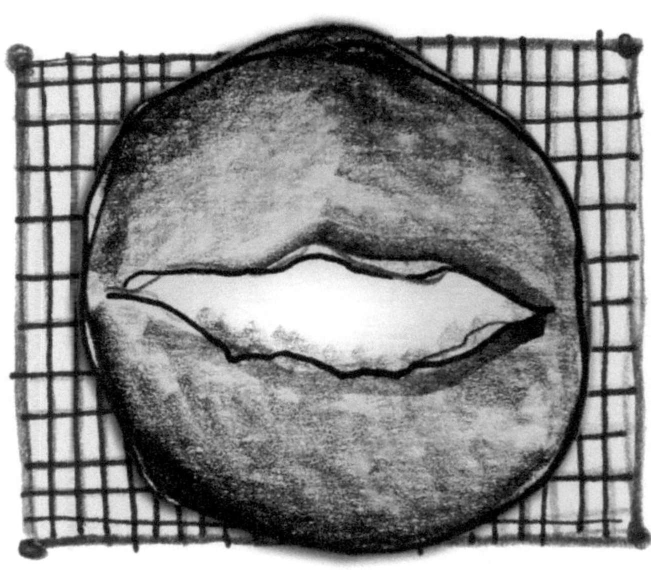

GRUNDREZEPT HERMANN-TEIG

ZUTATEN TEIGANSATZ

100 g Weizenmehl

1 EL Zucker

2 TL Trockenhefe

150 ml lauwarmes Wasser

Schüssel aus Glas oder Plastik mit Deckel oder ein 1,5 Liter fassendes Gefäß

Rührlöffel aus Holz oder Plastik (bitte keine Rührlöffel und Schüsseln aus Metall verwenden)

ZUBEREITUNG

Geben Sie die Zutaten in eine Schüssel und verrühren diese zu einem glatten, geschmeidigen Teig. Verschließen Sie die Schüssel mit einem dazugehörenden Deckel und lassen den Teigansatz für zwei Tage bei Raumtemperatur reifen. Den Deckel nicht fest verschließen, damit der Druck entweichen kann.

Alle Zutaten in die Schüssel oder das Glas geben und mit dem Löffel zu einem glatten Teig verrühren. Gefäß verschließen und den Teigansatz für zwei Tage bei Zimmertemperatur reifen lassen. Ab und zu umrühren.

1. Tag: Teigruhe

2. bis 4. Tag: Umrühren

5. Tag: Füttern Sie den Teig mit 100 g Weizenmehl, 150 g Zucker und 150 ml Milch und rühren Sie alles gut um.

6. bis 9. Tag: Umrühren

10. Tag: Füttern Sie Ihren Hermann-Teig wieder mit 100 g Weizenmehl, 150 g Zucker und 150 ml Milch. Verrühren Sie den Teig und nun ist es so weit: Ihr Hermann-Teig ist fertig. Sie können ihn auch einfrieren, zum Beispiel, wenn Sie längere Zeit nicht backen möchten.

BROTE

ROGGENBAUERNBROT

Dieses Bauernbrot besticht durch seinen herzhaften Geschmack, welcher durch den beachtlichen Vollkornanteil in Höhe von 35 % und der guten Versäuerung erreicht wird. Es beeindruckt zudem mit einer ansprechenden Kruste und über feine Poren.

ZUBEREITUNGSZEIT AM BACKTAG: ca. vier Stunden
ZUBEREITUNGSZEIT MIT WARTEZEIT INSGESAMT: ca. 18 Stunden

ZUTATEN FÜR 1,5 KG BROT

SAUERTEIG:

100 g Weizenmehl

1 EL Zucker

2 TL Trockenhefe

150 ml lauwarmes Wasser

HAUPTTEIG:

350 g Roggenmehl

300 g Weizenmehl

50 g Vollkorn-Roggenmehl

425 ml Wasser

20 g Salz

50 ml Raps- oder Sonnenblumenöl

ZUBEREITUNG

Für den Sauerteig nehmen Sie Ihr aufgefrischtes Anstellgut und mischen es mit dem Vollkorn-Roggenmehl und warmen Wasser. Diesen Vorteig lassen Sie ca. 15 Stunden reifen.

Vermengen Sie jetzt die übrigen Zutaten mit dem gereiften Sauerteig und kneten ihn langsam für fünf Minuten.

Lassen Sie nun den Teig für eine halbe Stunde ruhen. Danach kneten Sie den Teig nochmals kurz durch und bringen ihn in die gewünschte Form. Legen Sie Ihren Teigling in ein geeignetes, längliches Gärkörbchen und bestäuben die Oberfläche des Brotes mit Mehl.

Jetzt lassen Sie Ihren Teig noch ca. eine Stunde gehen. Heizen Sie nach 50 Minuten Ihren Backofen auf mindestens 250 Grad Ober- / Unterhitze vor.

Nun können Sie Ihr Brot je nach Wunsch einschneiden oder in Mehl einstäuben.

Schieben Sie Ihren Teig in den vorgeheizten Ofen und backen Sie diesen für zehn Minuten mit Dampfschwaden. Um die Schwaden abzulassen, öffnen Sie dann weit die Ofentür und reduzieren die Hitze auf 210 Grad.

Nach weiteren 45 Minuten ist Ihr Brot fertig gebacken. Holen Sie es aus dem Ofen und lassen es auf einen Gitterrost auskühlen.

REINES ROGGENBROT

ARBEITSZEIT: ca. eine Stunde
RUHEZEIT: ca. 14 Stunden
KOCH-/BACKZEIT: ca. 50 Minuten
GESAMTZEIT: ca. 15 Stunden 50 Minuten

ZUTATEN

230 ml Wasser
210 g Roggenmehl
4 g Salz
40 g Anstellgut
240 ml Wasser

370 g Roggenmehl (1370)
120 ml warmes Wasser
60 g Altbrot
8 g Salz

ZUBEREITUNG

SAUERTEIG:

Roggenvollkornmehl mit dem 45 °C warmen Wasser, Salz und dem Anstellgut vermischen. Den Teig bei Zimmertemperatur ca. 12 bis 16 Stunden gehen lassen.
Um das Brühstück zuzubereiten, vermischen Sie 240 ml kochendes Wasser mit 8 g Salz und dem Altbrot. Diesen Teig abdecken und auf Zimmertemperatur abkühlen lassen.

HAUPTTEIG:

Mischen Sie nach der Ruhezeit den fertigen Sauerteig mit dem Brühstück, fügen 370 g Roggenmehl und 120 ml heißes Wasser (70 °C) hinzu und verkneten es mit den Knethaken auf niedrigster Stufe, bis ein ebenmäßiger, weicher Teig entstanden ist. Der fertige Teig sollte eine Temperatur von ungefähr 28 °C haben. Sollte der Teig noch zu fest sein, schütten Sie noch etwas Wasser nach, bis er die richtige Konsistenz hat.

Jetzt lassen Sie den Teig für eine halbe Stunde gehen. Nach der Ruhezeit wirken Sie den Teig und setzen ihn in ein geeigneten, mit Mehl bestäubten Gärkorb. Nun soll der Teig nochmals bei Zimmertemperatur 80 Minuten gehen.

Heizen Sie den Backofen auf 250 °C Ober- / Unterhitze vor.
Das Brot für 50 Minuten ohne Dampf backen, nach zehn Minuten reduzieren Sie die Hitze auf 200 °C und backen das Brot zu Ende.

Nach Ende der Backzeit langsam abkühlen lassen.

KLASSISCHES BAGUETTE MIT SAUERTEIG

ARBEITSZEIT: ca. 50 Minuten
RUHEZEIT: ca. ein Tag vier Stunden
GESAMTZEIT: ca. ein Tag vier Stunden 50 Minuten

Dieses Rezept ist sehr aufwendig, aber Sie werden schmecken, das sich dieser Aufwand lohnt.

ZUTATEN

100 g Weizenmehl, Type 550
80 ml Wasser
10 g Anstellgut aus 550 Weizenmehl
150 g Weizenmehl, Type 550
150 g Dinkelmehl, Type 630
30 g Roggenmehl, Type 1150
330 ml Wasser
3 g Hefe

300 g Weizenmehl, 550
300 g Dinkelmehl, 630
70 g Roggenmehl, 1150
10 g Hefe
22 g Salz
15 g Backmalz
320 ml Wasser
Sauerteig

ZUBEREITUNG

Mischen Sie 100 g Weizenmehl mit 80 ml Wasser und 10 g Anstellgut und lassen Sie den Teig bei Zimmertemperatur ca. 16 Stunden reifen.

VORTEIG:

150 g Weizenmehl, 150 g Dinkelmehl, 30 g Roggenmehl, 330 ml warmes Wasser und 3 g Hefe gut durchmischen und ebenfalls bei Zimmertemperatur ca. 16 Stunden gehen lassen.

HAUPTTEIG:

Verkneten Sie den Sauerteig, den Vorteig und die übrigen Zutaten zwölf Minuten zu einem glatten, geschmeidigen Teig. Falten Sie den Teig zweimal, geben Sie ihn in eine geräumige Schüssel und stellen ihn 10 bis 15 Stunden in den Kühlschrank.

Bevor Sie den Teig backen, nehmen Sie ihn aus dem Kühlschrank und lassen ihn für 1,5 Stunden bei Raumtemperatur stehen.

Dann formen Sie die Baguette und stellen sie für ca. zwei Stunden in bemehlten Leinentüchern zur Gare.

Die Backzeit beträgt 20 Minuten bei 230 °C Ober/ Unterhitze. Die ersten zehn Minuten kräftig schwaden, danach die Ofentür weit aufmachen und die Schwaden abziehen lassen. Zu Ende backen und auf einen Gitterrost abkühlen lassen.

DUNKLES MALZVOLLKORNBROT MIT SAUERTEIG

ARBEITSZEIT: ca. 30 Minuten
RUHEZEIT: ca. drei Stunden
KOCH-/BACKZEIT: ca. 50 Minuten
GESAMTZEIT: ca. vier Stunden 20 Minuten

ZUTATEN

250 g gemischte Körner nach Geschmack (Leinsamen, Sonnenblumenkerne, Haferflocken o.ä.)

0,33 l Malzbier

500 g Roggensauerteig

200 g Roggenmehl, Type 1050

200 g Dinkelmehl, Type 1050

22 g Salz

1 gestr. TL Trockenhefe

½ gestr. TL Brotgewürzmischung

1 gehäuften TL dunkles Roggenbackmalz

1 Tasse Haferflocken

ZUBEREITUNG

Zuerst setzen Sie einen Roggensauerteig an, welcher als erstes Rezept zu finden ist.

Erhitzen Sie das Malzbier auf ca. 60 °C, bitte aber nicht kochen lassen und geben Sie den Körnermix in eine Schüssel. Schütten Sie das Bier über den Körnermix und rühren Sie alles gut um. Lassen Sie die Masse für zwei Stunden stehen, bis das Bier von der Körnermischung fast komplett aufgenommen wurde.

Jetzt fügen Sie die restlichen Zutaten dazu und kneten die Masse ca. zehn Minuten. Wenn Sie Ihren Sauerteig erst frisch angesetzt haben, empfiehlt sich die Zugabe von Trockenhefe, sollten Sie mit Anstellgut das Brot backen, können Sie die Hefe weglassen. Der Teig soll schwer und fest sein und eine klebrige Konsistenz haben. Um die richtige Konsistenz zu erreichen, können Sie noch Mehl oder Wasser hinzufügen.

Geben Sie dem abgedeckten Teig 30 Minuten Ruhe.

Nehmen Sie mit feuchten Händen den Teig aus der Schüssel und teilen ihn in zwei Hälften. Jetzt beide Hälften rund formen und in den Haferflocken wälzen. Natürlich können Sie auch den ganzen Teig nehmen und daraus ein großes Brot backen. Durch den sehr hohen Roggenanteil müssen Sie den Teig nicht mehr kneten. Geben Sie jetzt den Teig in die vorbereiteten, bemehlten Gärkörbchen. Diese in den Backofen mit eingeschaltetem Licht ca. 120 bis 180 Minuten gehen lassen. Wenn die Teiglinge sehr gut aufgegangen sind, nehmen Sie die Gärkörbchen aus dem Ofen.

Heizen Sie den Backofen auf 250 °C Ober/ Unterhitze vor, legen Sie die Backbleche mit Backpapier aus und lassen Sie die Teiglinge behutsam auf die Bleche gleiten und zehn Minuten backen mit Schwaden. Dafür schütten Sie zügig eine Tasse Wasser in den Ofen und schließen sofort die Ofentür. Beachten Sie bitte, dass sofort ein heißer Wasserdampf entsteht, Verbrennungsgefahr!

Jetzt für die nächsten 15 Minuten die Hitze auf 220 °C reduzieren. Dabei sprühen Sie zwischendurch Wasser mit einer Spritzpistole in den Ofen. Nun reduzieren Sie die Hitze auf 190 °C und backen die Brote etwa noch 25 Minuten fertig. Die Kruste sollte dabei ein schönes, dunkles braun haben.

Nehmen Sie das Brot aus dem Ofen und lassen Sie es auf einem Gitter auskühlen.

BAYRISCHES KLOSTERBROT MIT BIER

ZUBEREITUNGSZEIT AM BACKTAG: ca. 3,5 Stunden
ZUBEREITUNGSZEIT INSGESAMT: ca. 14 bis 18 Stunden

ZUTATEN

SAUERTEIG:

300 g Roggenmehl 1150

300 ml Wasser

30 g Roggensauer Anstellgut

HAUPTTEIG:

550 g Weizenmehl 1050

300 ml dunkles Klosterbier zimmerwarm

17 g Salz

4 g Frischhefe (optional)

5 g Brotgewürz (optional)

ZUBEREITUNG

Für den Sauerteig nehmen Sie das aufgefrischte Anstellgut vom Roggensauerteig. Mischen Sie es mit Wasser und Roggenmehl und lassen Sie den Teig ca. 12 bis 14 Stunden reifen.

HAUPTTEIG:

Messen Sie 30 ml von der Biermenge ab und stellen es zur Seite. Vermischen Sie den Sauerteig mit Mehl, Salz und den 270 ml Bier. Jetzt kneten Sie für fünf Minuten langsam den Teig durch, danach beschleunigen Sie nochmals für fünf Minuten das Durchkneten. Wenn der Teig zu fest ist, können Sie die 30 ml zurückbehaltenes Bier nach und nach zufügen. Stockgare: Geben Sie Ihren Teig für 30 Minuten Ruhe.

Nehmen Sie nun den Teig, formen ihn zu einem länglichen Brot und legen den Teigling in ein geeignetes, bemehltes Gärkörbchen. Alternativ können Sie den Teig teilen und zwei kleine ca. 700 g schwere runde Brote backen.

Stückgare: ca. 70 bis 90 Minuten stehen lassen.

BACKEN:

Heizen Sie den Ofen auf 250 °C Ober- / Unterhitze vor. Legen Sie das Brot auf ein mit Backpapier ausgelegtes Blech und schneiden es rautenförmig ein. Nach Erreichen der Temperatur das Brot in den Ofen schieben und mit Dampf backen. Nach zehn Minuten den Backofen weit öffnen, um den Dampf abziehen lassen. Reduzieren Sie jetzt die Temperatur auf 210 °C und backen das Brot weitere 50 Minuten. Wenn Sie eine extra knusprige Kruste wünschen, lassen Sie die Tür für die letzten fünf Minuten einen Spalt offen.

Tipps für ein erfolgreiches Gelingen

Die Teigruhe Zeiten in diesem Rezept sind einer Zimmertemperatur von 20 °C zugrunde gelegt. Bei höheren Temperaturen beachten Sie bitte, dass sich die Garzeit verkürzt, bei niedriger Temperatur verlängert.

TSCHECHISCHES LANDBROT MIT KÜMMEL

ZUBEREITUNGSZEIT AM BACKTAG: ca. 3 Stunden
ZUBEREITUNGSZEIT INSGESAMT: ca. 14 bis 18 Stunden

ZUTATEN

SAUERTEIG:

200 g Roggenmehl 1150

200 ml Wasser

20 g Roggensauer Anstellgut

HAUPTTEIG:

510 g Weizenmehl 1050

140 g Roggenmehl 1150

400 ml Wasser

18 g Salz

2 TL Kümmel

ZUBEREITUNG

SAUERTEIG:

Mischen Sie das Wasser, Roggenmehl und das aufgefrischte Anstellgut gut durch und lassen die Masse ca. 12 bis 14 Stunden reifen.

HAUPTTEIG:

Fügen Sie zum Sauerteig die übrigen Zutaten zu und vermischen alles miteinander. Kneten Sie den Teig zwei Minuten langsam durch, danach für weitere sechs Minuten auf höherer Stufe weiter kneten.

Stockgare: Geben Sie dem Teig 30 Minuten Ruhe.
Nachdem der Teig gut gegangen ist, nochmals auf einer mit Mehl bestreuten Arbeitsplatte gut

durchkneten und zu einem länglichen Brot formen. Legen Sie Ihren Teigling in das passende Gärkörbchen. Bitte darauf achten, dass der Schluss immer nach oben gehört.

Stückgare: ca. 90 bis 100 Minuten.

Heizen Sie den Backofen auf 250 °C Ober- / Unterhitze vor. Wenn die gewünschte Temperatur erreicht ist, stützen Sie das Brot auf ein mit Backpapier ausgelegtes Backblech und stippen es mit der Stipprolle ein. Alternativ können Sie das Brot auch schräg einschneiden.

Jetzt schieben Sie das Brot in den Ofen und backen die ersten zehn Minuten mit Dampf. Dazu schütten Sie eine Tasse Wasser in den Ofen. Nach zehn Minuten die Tür ganz öffnen und die Schwaden abziehen lassen. Reduzieren Sie nun die Backtemperatur auf 200 °C. Backen Sie das Brot noch weitere 45 Minuten. Möchten Sie eine knusprige Kruste, empfiehlt es sich, die letzten fünf Minuten die Ofentür einen kleinen Spalt zu öffnen. Nach Ende der Backzeit das Brot aus dem Ofen nehmen und auf einem Gitter abkühlen lassen.

Tipp für das perfekte Gelingen

Die hier angegebenen Garzeiten beziehen sich auf eine Zimmertemperatur von 25 °C. Die Garzeit wird bei niedrigerer Temperatur verlängert und bei höherer Temperatur verkürzt.

BURGIS WALNUSSBROT MIT SAUERTEIG

Die hier angegebenen Garzeiten beziehen sich auf eine Zimmertemperatur von 25 °C.
Die Garzeit wird bei niedrigerer Temperatur verlängert und bei höherer Temperatur verkürzt.

ARBEITSZEIT: ca. 20 Minuten
RUHEZEIT: ca. 20 Stunden
GESAMTZEIT: ca. 20 Stunden 20 Minuten

ZUTATEN

SAUERTEIG:

100 g Anstellgut

150 ml lauwarmes Wasser

150 g Roggenmehl

HAUPTTEIG:

300 g Roggenmehl

240 g Weizenmehl

15 g Salz

10 g Hefe

100 g halbierte Walnüsse

250 g vom fertigen Sauerteigansatz

300 ml lauwarmes Wasser

20 ml kochend heiße Milch

ZUBEREITUNG

SAUERTEIG:

Mischen Sie das Anstellgut mit dem Wasser und Roggenmehl und verrühren Sie es zu einem glatten, geschmeidigen Teig. Decken Sie den Teig mit einem feuchten Tuch ab und lassen ihn bei Zimmertemperatur ca. 15 bis 20 Stunden gehen.

Heben Sie vom gegangenen Teig ca. 100 g für Ihren nächsten Sauerteig auf.

Übergießen Sie die Walnüsse mit der kochenden Milch. Die Walnüsse sollten alle mit Milch bedeckt sein. Danach warten, bis sie abgekühlt sind.

HAUPTTEIG:

Lösen Sie die Hefe in gut warmen Wasser auf und mischen Sie das Hefewasser, den Sauerteig und die beiden Mehlsorten zusammen. Geben Sie nach zwei Minuten das Salz und kurz vor Ende der Knetzeit die abgekühlten Walnüsse (Milch nicht mit dazugeben) dazu.

Kneten Sie so lange, bis ein glatter, geschmeidiger Teig entstanden ist. Decken Sie den Teig mit einem feuchten Baumwolltuch ab und lassen ihn für 40 Minuten ruhen. In dieser Zeit sollte er sein Volumen verdoppelt haben.

Jetzt haben Sie die Wahl, entweder halbieren Sie den Teig und formen zwei runde Laibchen oder Sie formen ein längliches Brot. Geben Sie die Teiglinge in die entsprechenden Gärkörbchen und lassen sie nochmals mit einem feuchten Baumwolltuch abgedeckt für ca. 35 Minuten gehen. Heizen Sie Ihren Backofen auf 250 °C Ober/ Unterhitze vor.

Stürzen Sie die Brote auf das vorbereitete Backblech, schneiden Sie einmal der Länge nach das Brot ein und schieben es in den Ofen.

Die ersten 10 Minuten mit Schwaden backen, dann die Ofentür weit aufmachen, die Schwaden abziehen lassen und bei einer Temperatur von 190 °C ca. 40 bis 45 Minuten fertig backen.

WEIZENTOASTBROT MIT SAUERTEIG

Die hier angegebenen Garzeiten beziehen sich auf eine Zimmertemperatur von 25 °C.
Die Garzeit wird bei niedrigerer Temperatur verlängert und bei höherer Temperatur verkürzt.

ARBEITSZEIT: ca. 20 Minuten
RUHEZEIT: ca. vier Stunden
GESAMTZEIT: ca. vier Stunden 20 Minuten

ZUTATEN

200 g Weizensauerteig mit Weizenvollkornmehl

350 g Weizenmehl, Type 550

125 ml lauwarmes Wasser

40 g weiche Butter

1 EL Honig

10 g Salz

1 TL Backmalz

ZUBEREITUNG

Den Weizensauerteig nach dem Grundrezept mit Weizenvollkornmehl zubereiten.

Mischen Sie alle Zutaten in einer Schüssel zusammen und kneten Sie den Teig so lange, bis eine homogene Masse entstanden ist. Decken Sie den Teig mit einem Tuch ab und lassen ihn für 30 Minuten ruhen. Danach nochmals kräftig durchkneten und den Teig mit dem Nudelholz zu einer Platte ausrollen. Rollen Sie jetzt die Platte zu einem Teigstrang auf. Schneiden Sie den Teigstrang in vier gleich große Teile und legen Sie die Teile mit der Schnittstelle zur Längsseite in die Backform. Jetzt lassen Sie den Teigling ruhen, bis sich das Volumen mindestens verdoppelt hat. Dieser Vorgang kann bis zu drei Stunden dauern.

Heizen Sie Ihren Backofen auf 200 °C Ober/ Unterhitze vor, schieben Sie das Blech in den Ofen und backen den Toast für ca. 45 Minuten goldbraun.

KARTOFFELBROT MIT SAUERTEIG

ARBEITSZEIT: ca. 30 Minuten
RUHEZEIT: ca. zwei Stunden
GESAMTZEIT: ca . zwei Stunden 30 Minuten

ZUTATEN

200 g Vollkorn Roggenmehl

250 g Weizenmehl, Type 812

115 g Kartoffelpüree Pulver

150 g Roggensauerteig aus eigener Herstellung

10 g frische Hefe

13 g Salz

400 ml Wasser

ZUBEREITUNG

Roggensauerteig nach Anleitung im Grundrezept einen Tag vorher zubereiten.

Geben Sie alle Zutaten in eine große Schüssel und verkneten Sie alles für ca. sieben Minuten. Die angegebene Wassermenge kann variieren, dies ist abhängig von der Feuchtigkeit im Sauerteig.

Decken Sie den Teig ab und lassen ihn für 60 bis 120 Minuten an einem warmen Ort gehen. Ideal ist eine Temperatur von 22 °C bis 24 °C. Wenn der Teig sein Volumen verdoppelt hat, nochmals gut durchkneten. Sollte er noch kleben, geben Sie noch ein bisschen Mehl hinzu.

Formen Sie den Teig zu einem Laib und legen ihn in das vorbereitete Gärkörbchen. Darin soll der abgedeckte Teigling noch mal 30 bis 60 Minuten gehen.

Heizen Sie den Backofen auf 230 °C Ober/ Unterhitze vor.

Stülpen Sie den Teigling auf ein Backblech und schieben ihn sofort in den Ofen. Die ersten 15 Minuten kräftig schwaden. Danach die Temperatur auf 160 °C minimieren und das Brot weitere 30 Minuten backen. Genießen Sie das saftige Brot.

SAUERTEIG-GEWÜRZBROT

ARBEITSZEIT: ca. 20 Minuten
RUHEZEIT: ca. zwei Stunden 30 Minuten
BACKZEIT: ca. 50 Minuten
GESAMTZEIT: ca. drei Stunden 40 Minuten

ZUTATEN

400 g Roggenmehl, 1150

300 g Weizenmehl, 1050

1 EL Salz

1 EL Brotgewürzmischung

30 g Hefe

150 g Sauerteig

400 ml lauwarmes Wasser

ZUBEREITUNG

Roggen- oder Weizensauerteig nach Anleitung im Grundrezept einen Tag vorher zubereiten.

Mischen Sie die beiden Mehlsorten in einer großen Schüssel gut durch. Streuen Sie das Brotgewürz und das Salz über das Mehl. Lösen Sie die Hefe im Wasser auf und geben die Hefe-Wasser-Mischung mit dem Sauerteig in die Schüssel dazu.

Beide Mehlsorten in eine Schüssel geben. Salz und Brotgewürz darüber streuen. Die Hefe im warmen Wasser auflösen und mit dem Sauerteig zum Mehl geben.
Verkneten Sie die Zutaten zu einem glatten Teig und lassen ihn abgedeckt bei Zimmertemperatur für ca. 120 Minuten gehen.

Kneten Sie den Teig noch mal kräftig durch und formen einen Laib daraus. Legen Sie den Teigling auf ein mit Backpapier ausgelegtes Backblech und lassen ihn nochmal für ca. 30 Minuten zugedeckt ruhen.

Heizen Sie den Ofen auf 220 °C Ober- / Unterhitze vor. Schieben Sie das Brot in den Ofen und backen es die ersten 10 Minuten mit kräftigen Schwaden. Danach reduzieren Sie die Temperatur auf 200 °C und backen Ihr Brot für weitere 35 bis 45 Minuten fertig.

BUTTERMILCHKARTOFFELBROT

ARBEITSZEIT: ca. 20 Minuten
RUHEZEIT: ca. zwei Stunden 30 Minuten
BACKZEIT: ca. eine Stunde
GESAMTZEIT: ca. drei Stunden 50 Minuten

ZUTATEN

500 g Sauerteig

400 g Weizenmehl, Type 812

300 g Vollkorndinkelmehl

500 ml warme Buttermilch

150 g gemischte Körner

3 mittelgroße gekochte Kartoffeln

2 TL Salz

1 TL Brotgewürzmischung

ZUBEREITUNG

Geben Sie den Sauerteig, Körnermix, das Salz, Mehl und Brotgewürz in eine Schüssel. Reiben oder pürieren Sie (mit einem Schuss Buttermilch) die Kartoffeln und geben sie zu den anderen Zutaten dazu. Kneten Sie alles gründlich durch, dass ein geschmeidiger Teig entsteht.

Jetzt lassen Sie den Teig für 30 Minuten ruhen. Danach formen Sie Ihr Brot, geben den Teigling in einen bemehlten Gärkorb und lassen ihn bei Zimmertemperatur ca. zwei Stunden ruhen.

Heizen Sie den Backofen auf 250 °C Ober- / Unterhitze vor. Schieben Sie das Brot in den Ofen, nach zehn Minuten Backzeit reduzieren Sie die Temperatur auf 180 °C und backen es noch weitere 50 Minuten. Bespritzen Sie es immer wieder während des Backens mit einer Sprühflasche.

SAUERTEIGBROT MIT KÜMMEL UND ANIS

ARBEITSZEIT: ca. 20 Minuten
RUHEZEIT: ca. zwei Stunden
BACKZEIT: ca. 30 Minuten
GESAMTZEIT: ca. zwei Stunden 50 Minuten

ZUTATEN

425 ml lauwarme Milch

450 g Weizensauerteig

1 EL Trockenhefe

45 g braunen Zucker,

2 TL Salz

½ TL gemahlenen Kardamom

1 EL ganzen Kümmel

1 TL ganzen Anis

150 g Roggenmehl

120 g Vollkornmehl

550 g Weizenmehl

ZUBEREITUNG

Schütten Sie die lauwarme Milch in eine größere Schüssel. Geben Sie die Trockenhefe dazu und lassen diese kurz quellen.

Geben Sie nun den Sauerteig, Salz, Zucker, Kardamom, Anis und Kümmel dazu und mischen es gründlich mit der Hand durch. Fügen Sie nun das Roggenmehl portionsweise hinzu, verrühren es, sodass ein geschmeidiger Teig entsteht.

Jetzt fügen Sie auf dieselbe Art und Weise das Vollkornmehl dazu. Zum Schluss fügen Sie das Weizenmehl hinzu und kneten den Teig, bis Sie einen geschmeidigen, nicht mehr klebenden Teig erhalten.

Wenn der Teig so weit ist, legen Sie ihn auf eine bemehlte Arbeitsfläche und kneten ihn nochmals ordentlich durch, bis Sie einen glatten, elastischen Teig erhalten.

Nun legen Sie den Teig in eine bemehlte Schüssel und lassen ihn abgedeckt bei Zimmertemperatur gehen. Dieser Vorgang kann bis zu zwei Stunden dauern. Fertig ist er, wenn der Teig sein Volumen verdoppelt hat.

Nachdem der Teig gut gegangen ist, geben Sie ihn auf eine bemehlte Arbeitsfläche und kneten ihn noch mal kurz durch. Formen Sie nach Wunsch entweder ein längliches oder rundes Brot. Geben Sie den Teigling auf ein mit Backpapier ausgelegtes Backblech, decken ihn mit einem Baumwolltuch ab und lassen ihn nochmals 45 bis 60 Minuten ruhen. In dieser Zeit sollte er deutlich sein Volumen vergrößert haben.

Heizen Sie den Backofen auf 200 °C Ober- / Unterhitze vor. Nach Erreichen der Temperatur schieben Sie Ihr Brot in den Ofen. Die Backzeit beträgt ca. 30 Minuten. Wenn das Brot eine schöne braune Farbe hat, ist es fertig.

Nehmen Sie das Brot aus dem Ofen und lassen Sie es auf einem Kuchenrost abkühlen.

APFEL-WALNUSS-BROT OHNE HEFE

ARBEITSZEIT: ca. 45 Minuten
RUHEZEIT: ca. 20 Stunden
BACKZEIT: ca. eine Stunde
GESAMTZEIT: ca. 21 Stunden 45 Minuten

ZUTATEN

SAUERTEIG:

25 g Roggenanstellgut

55 g Roggenvollkornmehl

100 ml lauwarmes Wasser

HAUPTTEIG:

200 g Walnusskerne

400 g grob geraspelte Äpfel

50 g Zuckerrübensirup oder brauner Zucker

640 g Weizenvollkornmehl

160 g Roggenvollkornmehl

25 g Salz

350 ml kaltes Wasser

ZUBEREITUNG

Verrühren Sie für Ihren Sauerteig das Anstellgut mit dem Wasser und Mehl. Lassen Sie den Teig abgedeckt bei Raumtemperatur ca. zwölf Stunden gehen, bis der Teig anfängt, Blasen zu bilden. Nehmen Sie vom fertigen Sauerteig 25 g ab und bewahren Sie ihn im Kühlschrank für Ihren nächsten Backtag auf.

HAUPTTEIG:

Rösten Sie die Nüsse in einer Pfanne ohne Fettzugabe bei mittlerer Hitze, bis sie eine leicht bräunliche Farbe haben. Verrühren Sie jetzt den Sauerteig, Sirup, Äpfel, Salz, Wasser und die beiden Mehlsorten gut miteinander. Zuletzt fügen Sie die abgekühlten Walnüsse hinzu.

Teilen Sie den Teig in zwei Hälften und geben je eine Hälfte in eine eingefettete Kastenform. Decken Sie die beiden Teiglinge mit einem Tuch ab und lassen sie bei Raumtemperatur ca. sechs bis acht Stunden ruhen. Die Teiglinge sollen in der Zeit ihr Volumen mindestens verdoppelt haben.

Heizen Sie den Backofen für mindestens 30 Minuten auf 250 °C Ober- / Unterhitze vor. Stellen Sie die beiden Kastenformen auf den Rost und besprühen Sie die beiden Brote mit etwas Wasser. Reduzieren Sie die Temperatur auf 210 °C und backen die Brote ca. 50 bis 60 Min. Sie können zehn Minuten vor Ende der Backzeit die Brote aus der Form nehmen, damit sie ringsherum bräunen können.

Nachdem die Brote fertig gebacken sind, besprühen Sie sie mit einer Sprühflasche ringsum und lassen sie in ein Handtuch gewickelt abkühlen.

ZWIEBEL-SPECK-BROT

ARBEITSZEIT: ca. 45 Minuten
RUHEZEIT: ca. eine Stunde 30 Minuten
BACKZEIT: ca. eine Stunde
GESAMTZEIT: ca. drei Stunden 15 Minuten

ZUTATEN

700 g Sauerteig

4 Zwiebeln

20 g Salz

22 g Frischhefe

2 EL Honig

200 ml Wasser

100 ml Vollmilch

650 g Dinkelmehl

3 Scheiben durchwachsener, dick geschnittener Bauchspeck

ZUBEREITUNG

Schneiden Sie die Zwiebel in kleine Würfel, würzen sie ein wenig mit Salz und Pfeffer und braten sie in einer Pfanne an. Geben Sie den in Würfel geschnittenen Bauchspeck zu den Zwiebeln in die Pfanne und lassen ihn für zwei bis drei Minuten mitbraten. Nehmen Sie die Pfanne vom Herd und lassen es ein wenig abkühlen.

Wiegen Sie den Sauerteig ab, bröckeln die Hefe hinein, geben die Speck-Zwiebel Masse, Salz und Honig mit dazu. Stellen Sie die Küchenmaschine auf niedrigste Stufe und lassen sie langsam arbeiten. Geben Sie löffelweise das Mehl dazu. Anschließend gießen Sie nach und nach das Wasser und die Milch dazu. Wenn der Teig gründlich durchgeknetet ist, lassen Sie ihn für ca. eine halbe Std. ruhen. Nach der Ruhezeit nochmals kurz durchkneten und den Teig bei Zimmertemperatur, idealerweise bei ca. 24 °C noch für eine Stunde gehen lassen. Wenn der Teig noch klebt, ist er perfekt. Heizen Sie 15 Minuten vor Ende der Ruhezeit den Backofen auf 250

°C Ober- / Unterhitze vor und stellen Sie eine Tasse Wasser in den Backofen. Nehmen Sie eine Kastenform, fetten sie mit Margarine ein und füllen den Teig hinein.

Schieben Sie das Brot in den Ofen und backen es für zehn Minuten bei 250 °C, danach reduzieren Sie die Temperatur auf 200 °C und backen es noch weitere 50 Minuten. Währenddessen sprühen Sie immer wieder etwas Wasser auf das Brot.

Nach Ende der Backzeit das Brot sofort aus der Form stürzen, noch einmal mit Wasser einsprühen und auf einem Kuchenrost abkühlen lassen.

GLUTENFREIES HELLES SAUERTEIGBROT IM TONTOPF GEBACKEN

ARBEITSZEIT: ca. 20 Minuten
RUHEZEIT: ca. 10 Minuten
BACKZEIT: ca. eine Stunde 10 Minuten
GESAMTZEIT: ca. eine Stunde 40 Minuten

ZUTATEN

500 g glutenfreie Mehlmischung Schär Mix B

100 g glutenfreie Mehlmischung Schär Mix dunkel

150 g glutenfreier Sauerteig

10 g Frischhefe

650 ml Wasser

1 TL Flohsamenschalenmehl

10 g Salz

1/2 TL Agavendicksaft

1 TL Apfelessig

ZUBEREITUNG

Heizen Sie den Ofen auf 240 °C Ober- / Unterhitze vor.

Mischen Sie sämtliche trockenen Zutaten in einer Schüssel gut durch. Bilden Sie eine Kuhle, in welche Sie den Sauerteig hineingeben. Nehmen Sie von der angegebenen Wassermenge ein Glas ab, fügen Sie Hefe, Salz, Agavendicksaft und den Apfelessig dazu. Lassen Sie das Glas kurz stehen, bis sich ein leichter Schaum gebildet hat.

Geben Sie jetzt die Mischung zu den trockenen Zutaten und verkneten diese mit der Maschine. Geben Sie nach und nach den Rest des Wassers hinzu und mischen es gut drunter. Der Teig muss etwas klebrig sein. Lösen Sie jetzt den Teig vom Rand und formen Sie ihn in der Schüssel mit einem bemehlten Teigschaber zu einer Kugel. Lassen Sie den Teigling in den Kalten! Tontopf plumpsen. Besprühen Sie den Teig mit Wasser und legen Sie den Deckel auf den Topf.

Schieben Sie den Topf auf die untere Schiene des Backofens und lassen das Brot ca. 50 Minuten mit geschlossenem Deckel backen. Anschließend lassen Sie das Brot vom Topf auf ein Backblech plumpsen und backen es noch weitere 15 bis 20 Minuten. Mit dem Klopftest vergewissern, dass das Brot fertig ist.

Nehmen Sie das Brot aus dem Ofen und lassen Sie es auf einem Kuchengitter abkühlen.

DINKEL-WEIZEN-KICHERERBSEN-VOLLKORN-BROT

ARBEITSZEIT: ca. 20 Minuten
RUHEZEIT: ca. zwei Stunden 15 Minuten
BACKZEIT: ca. eine Stunde
GESAMTZEIT: ca. drei Stunden 35 Minuten

ZUTATEN

SAUERTEIG:

50 g Anstellgut

100 g Roggenvollkornmehl

100 ml Wasser

HAUPTTEIG:

500 g Weizenvollkornmehl

300 g Dinkelvollkornmehl

100 g Kichererbsen Mehl

50 g Chiasamen

18 g Salz

3 EL Öl

14 g Frischhefe

600 ml Kefir

ZUBEREITUNG

Setzen Sie den Sauerteig am Vorabend an. Verrühren Sie die Zutaten zu einem glatten Teig und lassen ihn zugedeckt ca. 12 bis 16 Stunden gehen.

Am Backtag fügen Sie die Zutaten vom Hauptteig zum Sauerteig dazu und verkneten alles miteinander, bis ein geschmeidiger Teig entsteht.

Decken Sie den Teig ab und lassen ihn für ca. 15 Minuten ruhen. Legen Sie einen Bräter mit Backpapier aus, legen Sie den Teigling hinein und lassen ihn für mindestens zwei Stunden noch mal gehen.

Heizen Sie den Backofen auf 230 °C Ober- / Unterhitze vor. Schieben Sie das Brot mit geschlossenem Deckel in den Ofen und lassen es ca. 60 Minuten backen. Den Deckel können Sie zehn Minuten vor Backzeitende abnehmen.

OLIVEN-TOMATEN-BROT IM TOPF GEBACKEN

ARBEITSZEIT: ca. eine Stunde
RUHEZEIT: ca. 16 Stunden
BACKZEIT: ca. eine Stunde
GESAMTZEIT: ca. 18 Stunden

ZUTATEN

ERSTER VORTEIG:

100 g Anstellgut

300 g Dinkel- oder Weizenvollkornmehl

300 ml Wasser

ZWEITER VORTEIG:

200 g Weizenmehl Type 1050

125 ml Wasser

5 g Frischhefe

HAUPTTEIG:

300 g Weizenmehl Type 1050 oder Dinkelmehl

100 ml Wasser

5 g Frischhefe

50 g Leinsamen

1 TL Fenchelsamen

1 TL Kümmel

1 EL frischen Oregano

1 frischen Rosmarinzweig

1 rote Paprikaschote

100 g getrocknete Tomaten

100 g schwarze, ungefärbte Oliven

5 TL Salz

5 EL Olivenöl

ZUBEREITUNG

Bereiten Sie am Vortag des eigentlichen Backens zwei Vorteige zu.

Mischen Sie für den ersten Vorteig das Anstellgut mit dem Wasser und Weizenvollkornmehl. Das Weizenmehl mischen Sie für den zweiten Vorteig mit der in lauwarmem Wasser aufgelösten Hefe.

Decken Sie die Schüssel mit dem Sauerteig ab und lassen ihn bei Raumtemperatur gehen. Den Hefeteig lassen Sie am besten im Kühlschrank ruhen. Über Nacht soll sich das Volumen der beiden Vorteige deutlich vergrößert haben.

Für den Hauptteig mischen Sie die zwei Vorteige mit Wasser, Hefe und Mehl mischen. Zerkleinern Sie alle Gewürze außer den Fenchel und Kümmel. Verarbeiten Sie alles zu einem glatten, geschmeidigen Teig.

Anschließend lassen Sie den Teig ca. 90 bis 120 Minuten bei Zimmertemperatur ruhen. In dieser Zeit vergrößert sich das Volumen des Teiges deutlich.

Geben Sie nun die grob zerkleinerten Oliven, die getrockneten Tomaten und die in kleine Stücke geschnittenen Paprika zum Brotteig hinzu. Für diesen Schritt ziehen Sie den Teig auseinander und verteilen diese Zutaten darüber. Falten Sie danach das Brot zusammen.

Nehmen Sie das passende Gärkörbchen, bestäuben es mit Roggenmehl, setzen Ihren Teigling hinein und lassen ihn noch mal für ca. 90 bis 120 Minuten bei Zimmertemperatur gehen.

Heizen Sie den Backofen auf 250 °C Ober- / Unterhitze vor.

Nehmen Sie den Teigling aus dem Gärkörbchen und legen ihn auf ein Backpapier. Schneiden Sie die Oberseite des Brotes nach Wunsch ein, legen das Brot in den Topf und backen es mit geschlossenem Deckel für ca. 30 Minuten. Anschließend entfernen Sie den Deckel und das Backpapier und backen das Brot weitere 30 Minuten fertig.

Nehmen Sie das Brot aus dem Ofen und lassen Sie es auf einem Gitterrost abkühlen.

HIRSE BROT (Gluten-, Ei-, Milchfrei und vegan)

ARBEITSZEIT: ca. 40 Minuten
RUHEZEIT: ca. zwei Tage
BACKZEIT: ca. 145 Minuten
GESAMTZEIT: ca. zwei Tage drei Stunden

ZUTATEN

SAUERTEIGANSATZ:

150 g gemahlene Hirse

1 Prise Zucker

1 Prise Trockenhefe

etwas kohlensäurehaltiges Mineralwasser

VORTEIG:

300 g gemahlene Hirse

300 g heißes Wasser

3 geriebene Äpfel

1 Sauerteigansatz

100 g Zuckerrübensirup

700 ml kohlensäurehaltiges Mineralwasser

100 g gemahlenen Amarant

150 g grob gemahlenen Buchweizen

150 g grob gemahlenen Mais

3 TL mittel gemahlenen Koriander

HAUPTTEIG:

200 g gemahlenen Naturreis

100 g ganze Sonnenblumenkerne

3 ½ TL Salz

Olivenöl oder kaltes Wasser zum Bestreichen

ZUBEREITUNG

SAUERTEIGANSATZ:

Nehmen Sie ein Schraubglas mit einem Fassungsvermögen von 720 ml und mahlen Sie 150 g Hirse hinein. Geben Sie eine Prise Trockenhefe und Zucker hinzu und verrühren es miteinander. Je nach Bedarf fügen Sie kohlensäurehaltiges Mineralwasser hinzu. Der Teig soll eine dicke Masse sein. Schließen Sie das Glas und lassen Sie den Teig bei Zimmertemperatur ca. drei bis vier Stunden gehen. Fertig ist der Sauerteig, wenn das Glas voll und mit Luftblasen durchsetzt ist.

VORTEIG:

Übergießen Sie 300 g Hirse mit 300 ml heißem Wasser und lassen die Hirse ca. 30 Minuten quellen. Schütten Sie den Sauerteigansatz in eine Schüssel und spülen Sie das Glas mit Mineralwasser aus. Reiben Sie drei Äpfel und geben sie mit der gequollenen Hirse, dem restlichen Wasser und dem Zuckerrübensirup zu dem Sauerteig dazu und vermischen gründlich alle Zutaten miteinander. Anschließend geben Sie 150 g Buchweizen, 100 g Amaranth, 150 g Mais und drei TL vom Koriander dazu und vermischen noch mal alles miteinander. Geben Sie auf die Schüssel einen Hohlraumdeckel und lassen den Teig gären.

HAUPTTEIG:

Geben Sie zum Vorteig 100 g Sonnenblumenkerne, 200 g Naturreis und 3 ½ TL Salz hinzu. Schütten Sie den fertigen Teig in eine mit Backpapier ausgelegte Kastenform von 35 cm und schwenken sie solange, bis der Teig glatt ist.

Decken Sie die Form mit einem feuchten Baumwoll- oder Leinentuch ab und lassen ihn bei Zimmertemperatur gehen. Wenn die Oberfläche des Teiges einreißt, können Sie anfangen zu backen. Dafür schieben Sie das Brot in den kalten Ofen, stellen ihn auf 145 °C Heißluft und backen es ca. 110 Minuten. Nehmen Sie es dann aus dem Ofen, entfernen das Backpapier und pinseln das Brot mit kaltem Wasser oder Olivenöl rundherum ein. Schieben Sie es wieder in den Backofen und backen es weitere 35 Minuten bei 140 °C. Lassen Sie es ca. einen Tag auskühlen und schneiden Sie es von unten mit einem Sägemesser an.

REISSAUERTEIG-BROT (Gluten-, Ei-, Milchfrei und vegan)

ARBEITSZEIT: ca. 40 Minuten
RUHEZEIT: ca. einen Tag
BACKZEIT: ca. 95 Minuten
GESAMTZEIT: ca. einen Tag 2 1/4 Stunden

ZUTATEN

SAUERTEIGANSATZ:

150 g gemahlenen Naturreis

1 Prise Zucker

1 Prise Trockenhefe

kohlensäurehaltiges Mineralwasser

VORTEIG:

700 ml kohlensäurehaltiges Mineralwasser,

2 geriebene Äpfel, ca. 300 g

1 EL Zuckerrübensirup

200 g grob gemahlener Naturreis

200 g grob gemahlener Buchweizen

HAUPTTEIG:

100 g gemahlene Kichererbsen

100 g gemahlener Amarant

100 g gemahlener Buchweizen

2 TL gemahlener Koriander

2 ½TL Salz

2 EL Sonnenblumenkerne

1 EL ungeschälter Sesam

1 EL ganzer Leinsamen

Olivenöl oder Wasser

ZUBEREITUNG

SAUERTEIGANSATZ:

Nehmen Sie ein Schraubglas mit einem Fassungsvermögen von 720 ml und mahlen Sie 150 g Reis hinein. Geben Sie eine Prise Trockenhefe und Zucker hinzu und verrühren es miteinander. Je nach Bedarf fügen Sie kohlensäurehaltiges Mineralwasser hinzu. Der Teig soll eine dicke Masse sein. Schließen Sie das Glas und lassen Sie den Teig bei Zimmertemperatur ca. drei bis vier Stunden gehen. Fertig ist der Sauerteig, wenn das Glas voll und mit Luftblasen durchsetzt ist.

VORTEIG:

Schütten Sie den Sauerteigansatz in eine Schüssel und spülen Sie das Glas mit Mineralwasser aus. Reiben Sie zwei Äpfel und geben sie mit dem Zuckerrübensirup und dem restlichen Wasser zu dem Sauerteig dazu und vermischen gründlich alle Zutaten miteinander. Anschließend geben Sie 200 g Naturreis und 200 g Buchweizen dazu und vermischen noch mal alles miteinander. Geben Sie auf die Schüssel einen Hohlraumdeckel und lassen den Teig gären.

HAUPTTEIG:

Geben Sie zum Vorteig 100 g Kichererbsen, 100 g Buchweizen, 100 g Amaranth, 2 TL Koriander und 2 ½ TL Salz hinzu. Schütten Sie den fertigen Teig in eine mit Backpapier ausgelegte Kastenform von 35 cm und schwenken sie solange, bis der Teig glatt ist.

Decken Sie die Form mit einem feuchten Baumwoll- oder Leinentuch ab und lassen ihn bei Zimmertemperatur gehen. Wenn die Oberfläche des Teiges einreißt, können Sie anfangen zu backen. Dafür schieben Sie das Brot in den kalten Ofen, stellen ihn auf 150 °C Heißluft und backen es ca. 70 Minuten. Nehmen Sie es dann aus dem Ofen, entfernen das Backpapier und pinseln das Brot mit kaltem Wasser oder Olivenöl rundherum ein. Schieben Sie es wieder in den Backofen und backen es weitere 25 Minuten bei 150 °C Heißluft. Lassen Sie es ca. einen Tag auskühlen und schneiden Sie es von unten mit einem Sägemesser an.

SAUERTEIGBROT MIT HASELNÜSSEN UND MÖHREN

ARBEITSZEIT: ca. 30 Minuten
RUHEZEIT: ca. eine Stunde
BACKZEIT: ca. eine Stunde
GESAMTZEIT: ca. zwei Stunden 30 Minuten

ZUTATEN

500 g Weizenmehl

500 g Roggenmehl

600 ml lauwarmes Wasser

200 g ganze Haselnüsse

1 Würfel frische Hefe

1 TL Zucker

4 TL Salz

1 Tüte Natur Sauerteig

1 Möhre

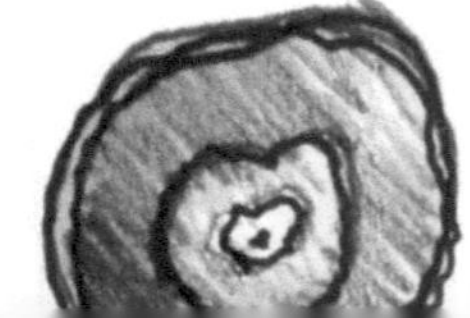

ZUBEREITUNG

Heizen Sie den Backofen auf 50 °C vor. Geben Sie das gesamte Mehl in eine Schüssel, drücken eine Kuhle hinein und bröckeln in diese die Hefe. Bestreuen Sie die Hefe mit dem Zucker und übergießen sie mit ca. 100 ml warmem Wasser und verrühren es vorsichtig in der Kuhle mit den Fingern. Decken Sie die Schüssel mit einem Tuch ab und stellen sie in den vorgeheizten, jetzt ausgeschaltetem Ofen. Lassen Sie den Vorteig ca. 20 Minuten gehen, bis sich schöne Bläschen im Teig gebildet haben.

Anschließend streuen Sie das Salz über den Rand und geben den zimmerwarmen Sauerteig, das restliche Wasser und die Haselnüsse dazu. Kneten Sie den Teig ca. fünf Minuten mit dem Knethaken.
Decken Sie die Schüssel noch mal ab, stellen Sie wieder den Teig in den Ofen und lassen ihn nochmals für ca. 20 Minuten gehen.
In dieser Zeit fetten Sie Ihre Kastenform mit Öl ein. Nachdem der Teig gut aufgegangen ist, arbeiten Sie die geraspelte Möhre ein und kneten den Teig noch mal gründlich durch. Geben Sie den Teig in die vorbereitete Kastenform und lassen ihn wieder für 20 Minuten ruhen.

Heizen Sie Ihren Backofen auf 250 °C vor. Stellen Sie die Kastenform auf den Rost, der in die zweite Schiene von unten eingeschoben wird. Backen Sie das Brot bei 220° C Ober- / Unterhitze für 20 Minuten, danach holen Sie es aus dem Ofen, lösen es mit einem Messer vorsichtig aus der Form und lassen es für weitere 40 Minuten bei 200 °C fertig backen.

Nach Ende der Backzeit nehmen Sie es sofort aus dem Ofen und pinseln es gleich mit Wasser ein. Das sorgt für eine glänzende Oberfläche.

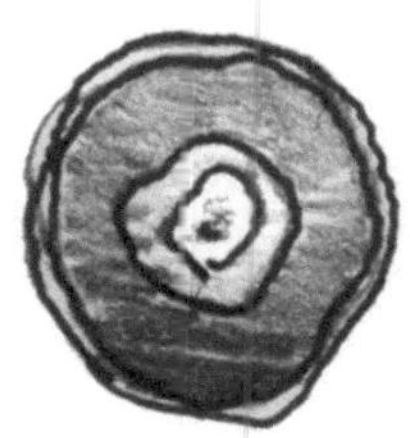

SAUERTEIG-WEIẞBIER-BROT

ARBEITSZEIT: ca. eine Stunde
RUHEZEIT: ca. 16 Stunden
BACKZEIT: ca. 50 Minuten
GESAMTZEIT: ca. 17 Stunden 50 Minuten

ZUTATEN

300 g Weizenvollkornmehl

200 g Weizenmehl Type 1050

75 g Sauerteig

150 ml Wasser

150 ml Weißbier

1 EL gestr. Salz

1 EL gestr. Zucker

1 EL Brotgewürzmischung

1 EL Backmalz

½ Würfel Hefe

ZUBEREITUNG

Bereiten Sie am Vortag den ersten Vorteig zu. Diesen stellen Sie aus 150 ml Wasser, 150 g Vollkornmehl und dem Sauerteig her. Vermischen Sie die Zutaten gut miteinander und lassen den Vorteig abgedeckt über Nacht ruhen. Am nächsten Tag verkneten Sie diesen Vorteig mit dem restlichen Vollkornmehl.

Stellen Sie aus den restlichen Zutaten einen zweiten Vorteig her, indem Sie alles gut miteinander vermischen, bis der Teig keine Klumpen mehr hat.

Legen Sie die beiden Teige zusammen in eine Schüssel und lassen sie für ca. drei Stunden ruhen. Anschließend verkneten Sie die ca. zehn Minuten lang die beiden Teige. Fertig ist er, wenn er sich dehnen lässt, ohne dass der Teig dabei einreißt.

Jetzt lassen Sie den Teig ruhen, bis sich sein Volumen verdoppelt hat.

Geben Sie den Teig auf eine Arbeitsfläche, (bitte nicht bemehlen), kneten Sie die Luft heraus und formen ihn zu einer Kugel. Bemehlen Sie ein geeignetes Gärförmchen, legen den Teig hinein und lassen ihn noch mal ca. 60 Minuten gehen.

Heizen Sie den Backofen mit einem Backblech auf 250 °C Ober- / Unterhitze vor.

Nachdem das Brot deutlich an Volumen zugenommen hat, stürzen Sie es auf das heiße Backblech und schneiden es oben kreuzförmig ein.

Stellen Sie ein mit Wasser gefülltes, feuerfestes Gefäß auf den Boden des Ofens. Reduzieren Sie nach jeweils zehn Minuten die Backtemperatur um 20 °C, bis Sie eine Temperatureinstellung von 190 °C erreicht haben. Nach ca. 50 Minuten ist das Brot fertig gebacken.

Nehmen Sie das Brot aus dem Ofen und lassen es auf einem Kuchengitter auskühlen.

LOW-CARB-BROT MIT SEITAN

ARBEITSZEIT: ca. 15 Minuten
RUHEZEIT: ca. 10 Minuten
BACKZEIT: ca. 50 Minuten
GESAMTZEIT: ca. 1 Stunde 15 Minuten

ZUTATEN

140 g Seitan

110 g Sojamehl

55 g Sojaschrot

40 g Dinkelvollkornmehl

85 g Sonnenblumenkerne, Sesam, Leinsamen ...

35 g Roggenmehl

15 g Weizenkleie

½ Pck Getrockneter Sauerteig

1 Pck. Trockenhefe

500 ml lauwarmes Wasser

1 TL Salz

1 TL Brotgewürzmischung

ZUBEREITUNG

Vermischen Sie alle trockenen Zutaten gut miteinander. Geben Sie das Wasser hinzu und kneten es ca. fünf Minuten.

Dieser Teig ist ein bisschen flüssiger als „normale" Brotteige, deshalb empfehlen wir, für diesen Teig eine Brotform zu benutzen. Fetten Sie entweder die Brotform ein oder legen sie mit Backpapier aus. Geben Sie den Teig in die Form und schneiden es ca. fünf mm ein. Stellen Sie ein mit Wasser gefülltes, feuerfestes Gefäß auf den Ofenboden und schieben das Brot in den nicht vorgeheizten Ofen auf die untere Schiene.

Jetzt stellen Sie den Ofen auf 210 °C Unterhitze und backen das Brot für ca. 50 Minuten. Wenn das Brot den von Ihnen gewünschten Bräunungsgrad erreicht hat, lassen Sie es bei offener Ofentür zehn Minuten abkühlen. Nehmen Sie es dann aus dem Ofen und stürzen es aus der Form.

Dieses Brot hat weniger als 9 Kohlenhydrate/ 100 g.

FLADENBROT

ARBEITSZEIT: ca. 10 Minuten
RUHEZEIT: ca. 16 Stunden
BACKZEIT: ca. 20 Minuten
GESAMTZEIT: ca. 16 Stunden 30 Minuten

ZUTATEN

VORTEIG:

25 g Roggensauerteig

150 ml Wasser

150 g Weizenmehl Type 1050

HAUPTTEIG:

450 g Weizenmehl Type 405

15 g Salz

12 g Hefe

180 bis 200 ml Wasser

n.B. Sesam

n.B. Schwarzkümmel

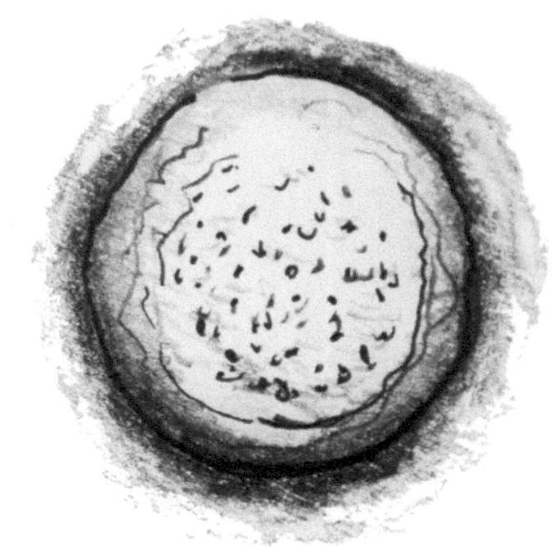

ZUBEREITUNG

Verrühren Sie für den Vorteig alle Zutaten und lassen ihn bei Zimmertemperatur für ca. 12 bis 16 Stunden ruhen.

Verkneten Sie für den Hauptteig die restlichen Zutaten mit dem Vorteig und lassen ihn gehen, bis sich sein Volumen verdoppelt hat. Formen Sie aus dem Teig einen schönen Fladen, bestreuen ihn nach Wunsch mit dem Kümmel und Sesam.

Stellen Sie die Temperatur auf 250 °C Umluft, schieben den Fladen in den Ofen, stellen ein mit Wasser gefülltes Gefäß auf den Boden und lassen ihn für ca. sieben Minuten backen, danach reduzieren Sie die Temperatur auf 200 °C und backen das Fladenbrot für weitere 13 Minuten.

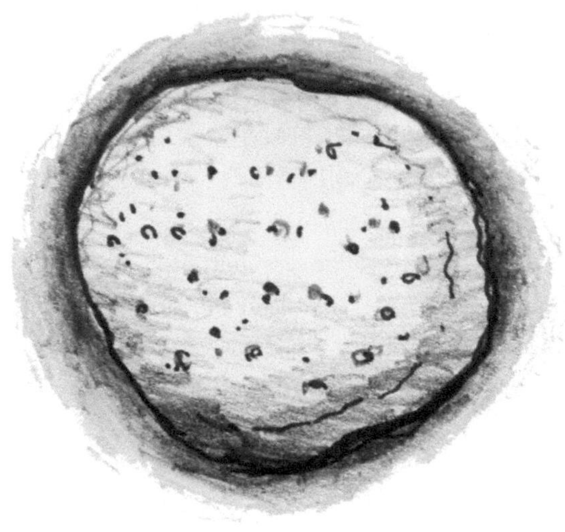

CASHEW-WALNUSS-VOLLKORN-BROT

ARBEITSZEIT: ca. 20 Minuten
RUHEZEIT: ca. 50 Minuten
BACKZEIT: ca. 20 Minuten
GESAMTZEIT: ca. eine Stunde 10 Minuten

ZUTATEN

400 g Roggenvollkornsauerteig

50 g Walnüsse

80 g Cashewkerne

15 g Hefe

12 g Salz

450 ml Molke

500 g Weizenvollkornmehl

400 g Dinkelvollkornmehl

10 g Traubenkernmehl

2 EL Traubenkernöl

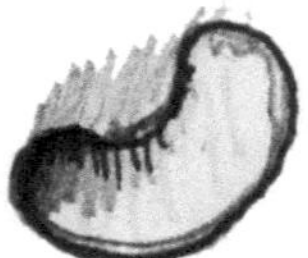

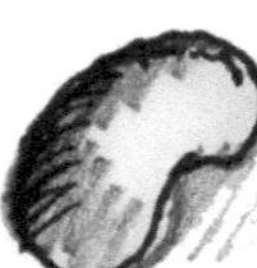

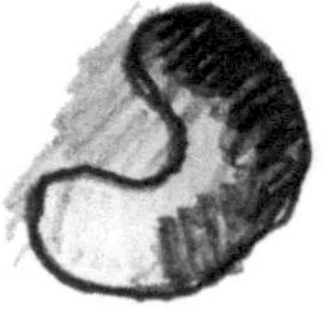

ZUBEREITUNG

Verkneten Sie alle Zutaten zu einem glatten, geschmeidigen Teig. Lassen Sie den Teig für ca. zehn Minuten ruhen und bearbeiten Sie ihn anschließend nach der Stretch-and-Fold-Methode (nachzulesen im kleinen Lexikon weiter oben). Legen Sie den Teig in ein bemehltes Gärkörbchen, decken ihn mit einem Tuch zu und lassen den Teig für ca. ein bis zwei Stunden gehen. In dieser Zeit soll der Teig deutlich an Volumen zugenommen haben.

Heizen Sie den Backofen auf 230 °C Ober- / Unterhitze vor und stellen Sie ein mit Wasser gefülltes, feuerfestes Gefäß auf den Boden des Ofens. Schieben Sie das Brot in den Ofen und backen Sie es 15 Minuten. Reduzieren Sie die Temperatur auf 200 °C und backen es für weitere 25 bis 35 Minuten fertig. Überprüfen Sie mit der Klopfmethode, ob Ihr Brot durchgebacken ist.

HERZHAFTES MALZBROT MIT VERSCHIEDENEN SAMEN UND KÖRNERN

ARBEITSZEIT: ca. 15 Minuten
RUHEZEIT: ca. zwei Stunden
BACKZEIT: ca. eine Stunde
GESAMTZEIT: ca. drei Stunden 15 Minuten

ZUTATEN

400 g Roggensauerteig

100 ml lauwarmes Wasser,

20 g frische Hefe,

20 g Salz

150 g Backmalz

400 g Mehl, Type 1050

150 g gemischte Samen z. B. Leinsamen, Sonnenblumenkerne, Haferflocken, Sesam

ZUBEREITUNG

Zerkleinern Sie die Hefe und mischen sie mit dem Wasser und Salz. Lassen Sie die Hefe für ca. eine Stunde ruhen. Fügen Sie dann den Sauerteig, das Mehl, Malz und die Samen hinzu und verkneten alles zu einem geschmeidigen, glatten Teig. Diesen lassen Sie für ca. 15 Minuten gehen. Formen Sie einen Laib und lassen den Teigling ca. eine Stunde gehen, bis sich sein Volumen deutlich vergrößert hat.

Heizen Sie den Backofen auf 230 °C Ober- / Unterhitze vor. Schieben Sie das Brot in den Ofen und sprühen mit einer Sprühflasche o. Ä. vier- bis fünfmal kräftig in den Ofen. Nach zehn Minuten öffnen Sie kurz den Ofen, reduzieren die Temperatur auf 200 °C und backen das Brot in 40 bis 50 Minuten fertig.

Nach Ende der Backzeit aus dem Ofen nehmen und auf einem Gitterrost abkühlen lassen.

SAUERTEIGBROT MIT GERIEBENEN ÄPFELN (Gluten-, Kuhmilch- und Ei frei)

ARBEITSZEIT: ca. 40 Minuten
RUHEZEIT: ca. zwei Stunden
BACKZEIT: ca. zwei Stunden
GESAMTZEIT: ca. vier Stunden und 40 Minuten

ZUTATEN

150 g glutenfreier Sauerteig

VORTEIG:

1-2 geriebene Äpfel

1 EL Zuckerrübensirup

100 g gemahlenen Amarant

100 g geschrotete Hirse

100 g geschroteten Naturreis

300 g geschroteten Buchweizen

700 ml kohlensäurehaltiges Mineralwasser

HAUPTTEIG:

1 EL Gewürzmischung für Brot

2 TL Salz

150 g gemahlenen Buchweizen

Olivenöl

ZUBEREITUNG

Verrühren Sie den Sauerteig mit 130 g fein gemahlenen Buchweizen und dem kohlensäurehaltigen Mineralwasser. Decken Sie den Teig ab und lassen Sie ihn über Nacht ruhen.

VORTEIG:

Reiben Sie die Äpfel auf den Sauerteig, geben den Zuckerrübensirup hinzu und verrühren alles ordentlich. Rühren Sie langsam das Mineralwasser unter den Teig, dass die Kohlensäure im Teig erhalten bleibt. Geben Sie die restlichen Zutaten zum Teig, mischen Sie sie gründlich durch und lassen Sie den Teig ruhen. Wenn sich der Teig gehoben hat, Blasen wirft und beim Rühren schaumig ist, ist der Teig fertig gegangen. Dieser Vorgang kann bis zu vier Stunden dauern.

HAUPTTEIG:

Geben Sie jetzt 150 g Buchweizen, das Brotgewürz und Salz hinzu, vermischen alle Zutaten miteinander und füllen den Teig in eine 35 cm große, mit Backpapier ausgelegte Kastenform. Lassen Sie den Teig jetzt ca. 100 Minuten gehen, bis sich sein Volumen deutlich vergrößert hat. Bitte nicht länger als 110 Minuten, sonst fällt der Teig wieder zusammen.

Schieben Sie anschließend das Brot in den Ofen, schalten die Temperatur auf 160 °C Umluft und backen es für ca. 70 bis 80 Minuten. Nehmen Sie dann das Brot aus der Kastenform, lösen vorsichtig das Backpapier ab und streichen es komplett mit Olivenöl ein. Schieben Sie es nun wieder in den Ofen und backen es weitere 30 Minuten.

Nach Ende der Backzeit auf einem Kuchengitter abkühlen lassen.

BÄRLAUCH BROT

ARBEITSZEIT: ca. 20 Minuten
RUHEZEIT: ca. drei Stunden
BACKZEIT: ca. 55 Minuten
GESAMTZEIT: ca. drei Stunden 20 Minuten

ZUTATEN

550 g Sauerteig

500 g Vollkornweizenmehl

300 g Weizenmehl, Typ 405

300 g Roggenmehl, Typ 997

30 g Bärlauchsalz

1 TL gemahlener Knoblauch

600 ml lauwarmes Wasser

2 EL Bärlauchpaste

50 g Walnüsse

80 g Cashewkerne

15 g Hefe

12 g Salz

450 ml Molke

500 g Weizenvollkornmehl

400 g Dinkelvollkornmehl

10 g Traubenkernmehl

2 EL Traubenkernöl

ZUBEREITUNG

Mischen Sie alle Mehlsorten und geben den Sauerteig, Knoblauch, Salz und 500 ml Wasser dazu. Verkneten Sie ihn auf langsamer Stufe mit der Küchenmaschine. Geben Sie das restliche Wasser nach Gefühl dazu und kneten Sie den Teig ca. zehn Minuten, bis eine elastische Masse entstanden ist.

Kurz vor Ende der Knetzeit geben Sie die Bärlauchpaste zum Teig und kneten Sie gründlich unter. Falten Sie anschließend den Teig kurz zusammen, sodass ein schöner Laib geformt wird. Legen Sie eine Kastenform mit Backpapier aus und legen den Laib hinein. Lassen Sie den Teigling für ca. zweieinhalb Stunden ruhen, bis sich sein Volumen deutlich vergrößert hat.

Heizen Sie den Ofen auf 220 °C Ober- / Unterhitze vor. Schieben Sie das Brot in den Ofen und spritzen anschließend einmal kräftig Wasser in den Ofen. Reduzieren Sie nach zehn Minuten die Temperatur auf 175 °C und lassen das Brot in 45 Minuten fertig backen.

FOUGASSE

ARBEITSZEIT: ca. 30 Minuten
RUHEZEIT: ca. fünf Stunden
BACKZEIT: ca. eine Stunde 30 Minuten
GESAMTZEIT: ca. sieben Stunden

ZUTATEN

SAUERTEIG:

15 g Anstellgut

150 g Weizenmehl, Type 550

150 ml lauwarmes Wasser

HAUPTTEIG:

350 g Weizenmehl, Type 550

200 ml lauwarmes Wasser

10 g Salz

5 g Frischhefe

30 ml lauwarmes Wasser

ZUBEREITUNG

SAUERTEIG:

Vermischen Sie alle Zutaten miteinander und lassen den Teig über Nacht bei Zimmertemperatur reifen.

HAUPTTEIG:

Verkneten Sie den Sauerteig mit dem Mehl und 200 ml Wasser und lassen Sie ihn für ca. 30 Minuten ruhen.

Anschließend geben Sie das Salz und die in 30 ml lauwarmen Wasser aufgelöste Hefe hinzu. Kneten Sie so lange, bis ein geschmeidiger Teig entstanden ist. Decken Sie den Teig mit einem Deckel oder einem Tuch ab und lassen ihn für ca. drei Stunden reifen. In der Ruhezeit dehnen und falten Sie den Teig aller 30 Minuten. Anschließend lassen Sie den Teig für eine Stunde ruhen.

Teilen Sie dann den Teig in drei gleich große Teile. Nehmen Sie einen Teil und formen ihn vorsichtig zu einem Quadrat. Gehen Sie dabei behutsam vor, um nicht das Gas herauszudrücken. Nehmen Sie nun eine Teigkarte und machen „Schnitte“ in den Teig. In der Mitte einen großen und am Rand mehrere kleine. Ziehen Sie den Teig an den Schnittstellen behutsam auseinander. Decken Sie den Teig ab und lassen ihn nochmals für ca. 30 Minuten gehen.

In dieser Zeit heizen Sie den Backofen auf 250 °C Ober- / Unterhitze vor und lassen dabei zwei Backbleche im Ofen. Das erste Backblech kommt auf die mittlere Schiene und das zweite schieben Sie verkehrt herum oberhalb hinein.

Nachdem der Teig gegangen ist, nehmen Sie das untere Backblech aus dem Ofen und ziehen die Fougasse mit dem Backpapier auf das Blech und schieben es in den Ofen. Reduzieren Sie die Temperatur auf

220 °C. Entfernen Sie nach 20 Minuten das obere Blech und backen die Fougasse in weiteren zehn Minuten fertig.

Nehmen Sie nach Ende der Backzeit das Blech aus dem Ofen und lassen die Fougasse auf einem Gitterrost abkühlen.

Die zwei weiteren Teigportionen genauso backen.

BRÖTCHEN

VINSCHGAUER

ZUBEREITUNGSZEIT AM BACKTAG: ca. 2,5 Stunden
ZUBEREITUNGSZEIT MIT WARTEZEIT INSGESAMT: ca. 16 bis 20 Stunden

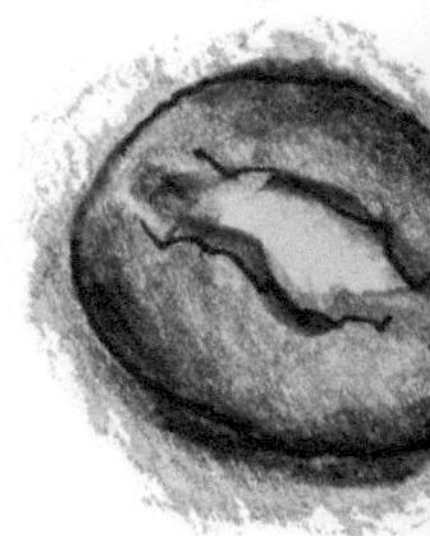

ZUTATEN

SAUERTEIG:

80 g Roggenmehl 1150

80 ml Wasser

7 g Roggensauer Anstellgut

BROTGEWÜRZ:

1 TL frisch gemörserten Kümmel

1 TL frisch gemörserten Fenchel

1 TL gemahlen Brotklee

nach Wunsch 1/2 TL gemahlenen Koriander

HAUPTTEIG:

160 g Roggenmehl 1150

60 g Weizenmehl 1050

170 ml Wasser

6 g Salz

3 g Frischhefe

Brotgewürz

ZUBEREITUNG

Mischen Sie das Wasser, Roggenmehl und das aufgefrischte Anstellgut und lassen Sie den Teig ca. 14 bis 16 Stunden reifen.

Für das Brotgewürz vermischen Sie alle Gewürze miteinander.

HAUPTTEIG:

Mischen Sie den Sauerteig mit dem Brotgewürz und den übrigen Zutaten und kneten Sie den Teig langsam drei bis fünf Minuten, bis eine homogene Masse entstanden ist.

Stockgare: Lassen Sie den Teig ca. 30 Minuten ruhen.

Anschließend teilen Sie den Teig in fünf gleichmäßige Stücke und formen daraus jeweils eine

Kugel. Drücken Sie danach die Kugeln flach, sodass sie zu kleinen, ca. zwei cm hohen Fladen werden. Legen Sie die Teiglinge auf ein mit Backpapier ausgelegtes Backblech.

Stückgare: Decken Sie Ihre Teiglinge mit einem Leinentuch ab, lassen Sie ca. 70 Minuten zur Gare stehen.

Heizen Sie jetzt den Backofen auf 250 °C Ober/Unterhitze vor. Nachdem die gewünschte Temperatur erreicht ist, schieben Sie das Blech in den Ofen und reduzieren die Hitze auf 230 °C. Die Backzeit beträgt 30 Minuten. Nach Erreichen der Backzeit die Vinschgerl aus dem Ofen holen und auf einem Rost abkühlen lassen.

HAMBURGER BRÖTCHEN MIT SAUERTEIG

ZUBEREITUNGSZEIT AM BACKTAG: ca. sechs Stunden
ZUBEREITUNGSZEIT MIT WARTEZEIT INSGESAMT: ca. 16 Stunden

ZUTATEN

VORTEIG:

145 g Weizenmehl 550

145 ml Wasser

0,2 g Frischhefe

Alle Zutaten gut vermischen und 12 bis 14 Stunden bei Zimmertemperatur reifen lassen.

LIEVITO MADRE:

Das Grundrezept für den Lievito Madre finden Sie in diesem Buch.

90 g Lievito Madre frisch aufgefrischt

140 g Weizenmehl 550

70 ml Wasser

Stellen Sie den Lievito Madre aus 200 g Weizenmehl Type 550 und 100 ml warmem Wasser so her, das er zum ausgewählten Zeitpunkt reif ist.

Hierzu frischen Sie die Madre zweimal auf, das bedeutet das sich ihr Volumen nach vier Stunden mindestens verdoppelt hat. Nach dem zweiten Auffrischen nehmen Sie 90 g ab und setzten diese mit 140 g Weizenmehl und 70 ml Wasser an. Fertig ist die Madre nach ca. vier Stunden, wenn sich ihr Volumen mindestens verdoppelt hat.

HAUPTTEIG:

Vorteig

Lievito Madre

190 g Weizenmehl 550

75 ml Wasser

50 g geschmolzene Butter

30 g Zucker

10 g Salz

1 Ei (Gr. M)

Sesam weiß und schwarz

ZUBEREITUNG

Mischen Sie den Vorteig, die Lievito Madre mit Zucker, Wasser und Mehl gut durch und kneten den Teig langsam für drei Minuten. Geben Sie die flüssige lauwarme Butter und das Ei dazu und kneten weitere acht bis zehn Minuten auf höherer Stufe.

Stockgare: Lassen Sie den Teig für 30 Minuten ruhen.

Formen: Teilen Sie den fertigen Teig in ca. 80 g schwere Teile und formen aus jedem ein rundes Brötchen. Setzen Sie die Teiglinge auf zwei Lagen Backpapier.

Stückgare: Geben Sie den Brötchen eine gute Stunde Vollgare.

Verzieren: Bestreichen Sie die Hälfte der Brötchen mit Wasser und bestreuen Sie mit dem Sesam. Heizen Sie den Backofen mit dem Backblech auf 200 °C Ober- / Unterhitze vor. Nach Erreichen der gewünschten Temperatur ziehen Sie die erste Hälfte der Burger auf das heiße Backblech. Backen Sie die ersten zehn Minuten mit Dampfschwaden. Nach Ende der zehn Minuten öffnen Sie die Backofentür vollständig, um die Schwaden abziehen zu lassen. Noch weitere zehn Minuten ohne Dampf backen, bis die Brötchen eine hellbraune Färbung bekommen haben.

In der Zeit, in der das erste Backblech im Ofen ist, bestreichen Sie die zweite Hälfte der Burger mit Wasser und bestreuen Sie wieder mit Sesam. Lassen Sie diese Hälfte noch 15 bis 30 Minuten ruhen.

Nach der Gare backen Sie diese wie die erste Hälfte.

Sollten Sie nicht alle gebackenen Burger aufbrauchen, können Sie die restlichen gut einfrieren. Die Qualität wird davon nicht beeinflusst.

Diese selbst gemachten Burger Buns werden Sie lieben. Sie haben einen unvergleichlichen Geschmack und sind in der Zubereitung recht einfach.

Das Wichtigste ist für diese Brötchen, das Sie die Zeit investieren, die die Burger zum Reifen brauchen.

Wenn Sie keine Lievito Madre besitzen und sich die Arbeit auch nicht machen wollen, einen herzustellen, können Sie auf Frischhefe zurückgreifen. Dazu geben Sie noch zehn g Hefe dazu. Bitte beachten Sie dabei die verkürzten Gehzeiten. Der Geschmack ist in beiden Fällen fantastisch.

KNUSPRIGE BRÖTCHEN MIT SAUERTEIG UND KÖRNERN

ARBEITSZEIT: ca. 30 Minuten
RUHEZEIT: ca. drei Stunden 30 Minuten
BACKZEIT: ca. 25 Minuten
GESAMTZEIT: ca. vier Stunden 25 Minuten

ZUTATEN

SAUERTEIG:

50 g Anstellgut

250 ml lauwarmes Wasser

250 g Roggenvollkornmehl

HAUPTTEIG:

1 TL Zucker

15 g Frischhefe

200 ml lauwarmes Wasser (alternativ können Sie 100 ml Wasser und 100 ml Kaffee nehmen)

250 g Roggenvollkorn Sauerteig

500 g Weizenmehl, Typ 550

100 g gemischte Kerne, gemischt, z. B. Kürbis-/Sonnenblumen-/Leinsamen/Sesam

12 g Salz

ZUBEREITUNG

SAUERTEIG:

Am Tag, bevor Sie die Brötchen backen wollen, setzen Sie den Sauerteig an. Dafür mischen Sie alle Zutaten gut durch und stellen es bei ca. 22 bis 25 °C für 20 bis 24 Stunden zur Gare.

HAUPTTEIG:

Lösen Sie die Hefe und den Zucker im Wasser auf. Geben Sie den Sauerteig in eine Schüssel, fügen Sie die Hefe, das Salz und das gesiebte Mehl dazu. Kneten Sie so lange, bis ein geschmeidiger Teig entsteht, der kaum kleben sollte. Jetzt für eine Stunde bei einer Temperatur von ca. 25 °C gehen lassen. Nochmals kräftig durchkneten und wieder ruhen lassen, bis er sein Volumen verdoppelt hat. Dies kann zwei bis drei Stunden dauern.

Teilen Sie den Teig in 16 gleichmäßige Teile und formen Sie Brötchen daraus. Dafür ist ein Brötchendrücker sehr gut geeignet. Haben Sie keinen zu Hause, plattieren Sie von Hand und nehmen ein in Öl getauchtes Messer, um damit die Brötchen einzuritzen. Fahren Sie im Anschluss mit Ihrer befeuchteten Hand über die Oberfläche der Brötchen und bestreuen Sie die Teiglinge mit den ausgewählten Körnern. Nach Bedarf können Sie für Sonnenblumensemmeln vor dem Plattieren unter den Teigling legen. Damit erhalten Sie einen schönen, knusprigen Sonnenblumenboden. Legen Sie die Brötchen auf ein mit Backpapier ausgelegtes Backblech und lassen Sie diese weitere 30 Minuten ruhen.

Heizen Sie Ihren Backofen auf 200 °C Ober/ Unterhitze vor. Befeuchten Sie nochmals mit einer Sprühflasche die Brötchen und schieben Sie das Backblech in den Ofen. Die ersten zehn Minuten ordentlich schwaden, nach den zehn Minuten die Brötchen noch mal direkt besprühen. Nach weiteren fünf Minuten legen Sie die Brötchen auf ein Backblech ohne Backpapier. Somit erhalten Sie den knusprigen Boden. Anschließend reduzieren Sie die Hitze auf 180 °C und backen noch weitere zehn Minuten die Brötchen fertig.

Nehmen Sie die Brötchen aus dem Ofen und lassen Sie sie abkühlen.

Alternativ können Sie diese Semmeln auch mit Oliven, Röstzwiebeln oder mit Brotgewürz zubereiten.

DINKELMISCHBRÖTCHEN

ARBEITSZEIT: ca. 50 Minuten
RUHEZEIT: ca. vier Tage eine Stunde
BACKZEIT: ca. 25 Minuten
GESAMTZEIT: ca. vier Tage 2 Stunden 15 Minuten

ZUTATEN

200 g Dinkelsauerteig

250 g Dinkelvollkornmehl

200 g Weizenmehl Type 550 oder 1050

50 g fein gemahlene Hirse

10 g Salz

20 g frische Hefe

50 g weiche Butter

300 ml lauwarme Milch

1 EL Honig

ZUM BESTREUEN:

Ganz nach Ihren Wünschen können Sie Sesam, Sonnenblumenkerne, Kümmelsamen, Kürbiskerne, grobes Salz, feine Haferflocken und Mohn verwenden.

200 ml lauwarmes Wasser (alternativ können Sie 100 ml Wasser und 100 ml Kaffee nehmen)

250 g Roggenvollkorn Sauerteig

500 g Weizenmehl, Typ 550

100 g gemischte Kerne, gemischt, z. B. Kürbis-/Sonnenblumen-/Leinsamen/Sesam

12 g Salz

ZUBEREITUNG

Mischen Sie die Mehlsorten mit dem Salz in einer großen Schüssel. Lösen Sie in der lauwarmen Milch die Hefe auf und geben sie zum Sauerteig. Verrühren Sie alles gut miteinander. Jetzt schütten Sie die Sauerteig-Milch-Hefemischung in die Mehlschüssel, fügen die weiche Butter und den Honig dazu und kneten alles ca. zehn Minuten zu einem glatten Teig.

Falten Sie beim Kneten den Teig mehrfach übereinander und ziehen ihn auseinander. Formen Sie ihn auch zu einer Kugel und werfen diese kräftig wieder auf die Arbeitsplatte.

Wenn es notwendig ist, fügen Sie noch etwas lauwarme Milch oder lauwarmes Wasser hinzu. Der Teig soll nach dem Kneten elastisch und leicht feucht sein, aber darf keinesfalls mehr kleben. Formen Sie jetzt den Teig zu einer Kugel, dehnen Sie dabei die Außenseiten, damit im Inneren eine Art Luftkammer entsteht.

Legen Sie den Teigling in eine Schüssel und lassen ihn abgedeckt bei Raumtemperatur für eine halbe Stunde ruhen.

Formen Sie anschließend den Teig zu einer Rolle und teilen diese in ca. 60 g schwere Teile. Formen Sie jedes Teigstück zu einer Kugel, stecken Sie dabei den Daumen in die Mitte, sodass eine Luftkammer entsteht. Setzen Sie die Kugeln mit dem Loch nach unten auf ein mit Backpapier ausgelegtes Backblech. Achten Sie dabei darauf, dass Sie ausreichend Abstand zwischen den Teiglingen haben. Sie werden am Ende doppelt so groß sein.

Lassen Sie jetzt die Semmeln abgedeckt bei Zimmertemperatur gehen, bis sie ihr Volumen verdoppelt haben.

Heizen Sie den Backofen auf 250 °C Ober- / Unterhitze vor, streichen Sie die Brötchen mit Wasser ein und bestreuen sie mit den ausgewählten Zutaten. Danach bestreichen Sie nochmals die Semmeln mit Wasser.

Schieben Sie das Backblech in den Ofen, reduzieren Sie die Temperatur gleich auf 200 °C und lassen Sie die Semmeln 20 bis 25 Minuten backen, bis sie eine hellbraune Farbe haben. Die Brötchen bleiben durch den Sauerteig besonders lang frisch.

SAUERTEIGBRÖTCHEN (acht Stück)

ARBEITSZEIT: ca. 25 Minuten
RUHEZEIT: ca. zwei Stunden
GESAMTZEIT: ca. zwei Stunden 25 Minuten

ZUTATEN

200 g Roggensauerteig

300 g Dinkelvollkornmehl

1 EL Oliven- oder Sonnenblumenöl

1 TL Salz

warmes Wasser

eingeweichte Sonnenblumenkerne

ZUBEREITUNG

Verkneten Sie den Sauerteig mit dem Öl, Salz und Mehl. Geben Sie schluckweise lauwarmes Wasser dazu, bis der Teig leicht klebrig ist. Geben Sie die eingeweichten Sonnenblumenkerne hinzu und kneten sie gründlich unter den Teig.

Lassen Sie den Teig für ca. 30 Minuten ruhen.

Anschließend kneten Sie den Teig noch mal kräftig durch. Formen Sie aus dem Teig eine Rolle und schneiden diese in acht gleichmäßige Teile. Diese schleifen Sie dann zu Brötchen. Legen Sie die fertigen Teiglinge auf ein mit Backpapier ausgelegtes Blech, besprühen Sie die Brötchen mit lauwarmem Wasser und decken Sie das Blech mit einem Baumwolltuch ab. Lassen Sie den Teig ruhen, bis sich das Volumen eindeutig vergrößert hat.

Heizen Sie den Backofen auf 250 °C Ober- / Unterhitze vor. Sprühen Sie mehrmals Wasser in den Ofen. Setzen Sie das Blech in der Mitte in den Ofen und drehen die Temperatur auf 200 °C zurück. Backen Sie die Brötchen für 25 bis 30 Minuten Besprühen Sie die Semmeln nach ca. fünf und zehn Minuten kurz mit Wasser.

Nach Ende der Backzeit lassen Sie die Brötchen auf einem Kuchenrost auskühlen.

RUSTIKALE WEIZENBRÖTCHEN MIT SAUERTEIG

ARBEITSZEIT: ca. 30 Minuten
RUHEZEIT: ca. 22 Stunden
BACKZEIT: ca. 20 Minuten
GESAMTZEIT: ca. 22 Stunden 50 Minuten

ZUTATEN

SAUERTEIG:

50 g Weizenvollkornmehl

75 ml lauwarmes Wasser

7 g Weizenanstellgut

HAUPTTEIG:

Sauerteig

50 g Emmer Vollkornmehl

100 g Weizenmehl

5 g Salz

5 g Backmalz

2 g Trockenhefe

50 ml lauwarmes Wasser

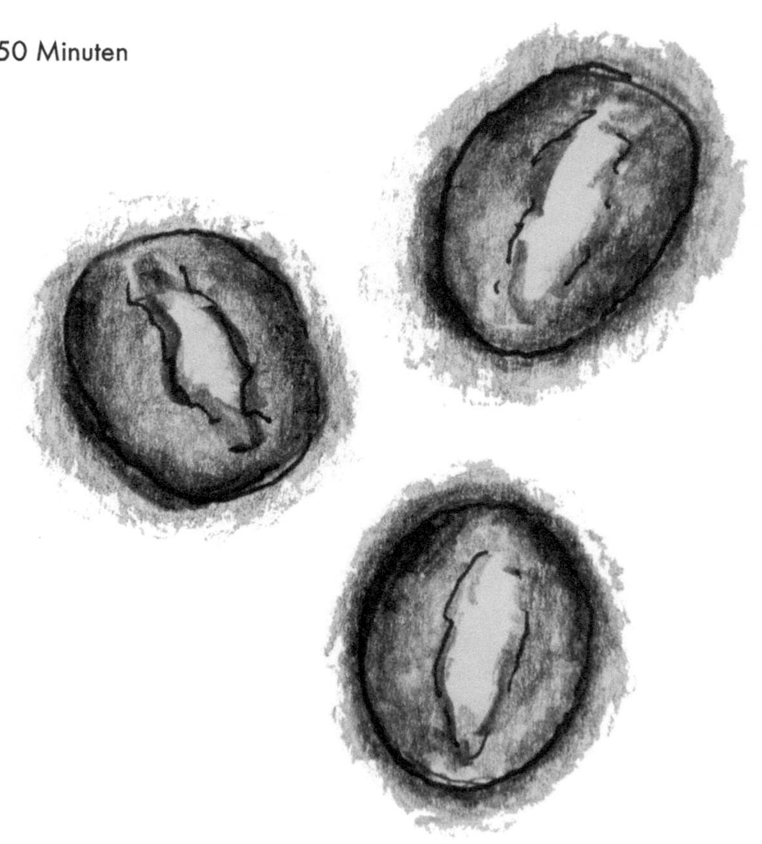

ZUBEREITUNG

Verrühren Sie am Vortag die Zutaten für den Sauerteig und lassen ihn ca. 16 bis 20 Stunden bei Raumtemperatur gehen.

Am Backtag verrühren Sie den Sauerteig gut mit den Zutaten vom Hauptteig. Lassen Sie den Teig für ca. 30 Minuten ruhen. Anschließend kneten Sie den Teig gut durch, bis er nicht mehr klebt, und formen ihn zu Brötchen. Schneiden Sie die Teiglinge ca. 0,5 bis 1 cm an der Oberseite ein, bemehlen sie und wickeln sie mit der Oberseite nach unten in ein bemehltes Baumwoll- oder Leinentuch.

Lassen Sie die Teiglinge für ca. 45 bis 80 Minuten gehen. Je höher die Raumtemperatur, umso kürzer die Gehzeit.

Heizen Sie den Backofen auf 250 °C Ober- / Unterhitze vor. Stellen Sie dabei ein feuerfestes Gefäß mit Wasser auf den Backofenboden. Drehen Sie die Teiglinge um und geben sie auf ein Lochblech. Schieben Sie das Blech in den Ofen und reduzieren die Temperatur auf 220 °C. Entfernen Sie nach acht Minuten das Wassergefäß und backen die Brötchen noch zwölf Minuten fertig.

DINKELVOLLKORNBRÖTCHEN MIT SAUERTEIG

ARBEITSZEIT: ca. 30 Minuten
RUHEZEIT: ca. ein Tag zwei Stunden
BACKZEIT: ca. 20 Minuten
GESAMTZEIT: ca. ein Tag zwei Stunden 50 Minuten

ZUTATEN

SAUERTEIG:

180 g Roggenvollkornmehl

180 ml Wasser

50 g Roggenvollkorn Anstellgut

VORTEIG:

175 g Dinkelmehl Type 1050

175 ml Wasser

5 g Frischhefe

HAUPTTEIG:

330 g Dinkelvollkornmehl

180 g Roggenmehl Type 997

200 ml Wasser

5 g Frischhefe

12 g Salz

5 g Traubenkernmehl

ZUM BESTREICHEN:

1 Eigelb

1 EL Wasser

ZUBEREITUNG

Geben Sie für den Sauerteig das Anstellgut, Mehl und Wasser in eine Schüssel, verrühren es gut miteinander und lassen den Teig bei Zimmertemperatur ca. 24 Stunden reifen.

Mischen Sie für den Vorteig Wasser, Hefe und Mehl gut durch. Lassen Sie den Teig an einem warmen Ort, idealerweise bei ca. 25 °C gehen, bis sich sein Volumen verdoppelt hat.

Für den Hauptteig geben Sie den Sauer- und Vorteig mit den restlichen Zutaten in eine Schüssel und kneten es ca. fünf Minuten gut durch. Lassen Sie den Teig anschließend für ca. 60 Minuten ruhen.

Formen Sie nach der Ruhezeit den Teig zu einer Rolle, stechen zwölf einheitliche Stücke ab, formen diese zu Kugeln und schleifen Sie zum Schluss rund.

Verrühren Sie das Wasser gut mit dem Eigelb, legen die Teiglinge auf ein mit Backpapier ausgelegtes Blech und streichen die Brötchen mit der Eigelbmischung ein. Lassen Sie jetzt die Teiglinge noch mal für ca. 30 bis 60 Minuten ruhen, bis sich ihr Volumen fast verdoppelt hat.

Heizen Sie den Backofen auf 250 °C Ober- / Unterhitze vor und stellen Sie dabei ein mit Wasser gefülltes, feuerfestes Gefäß auf den Backofenboden. Achten Sie darauf, dass die gesamte Backzeit über Wasser in dem Gefäß ist.

Schieben Sie das Blech in den Ofen, backen die Brötchen für zehn Minuten bei 250 °C, reduzieren die Hitze auf 230 °C und backen sie weitere zehn Minuten fertig.

KÜRBISKERNBRÖTCHEN

ARBEITSZEIT: ca. 30 Minuten
RUHEZEIT: ca.15 Stunden
BACKZEIT: ca. 22 Min.
GESAMTZEIT: ca. 15 Stunden 52 Minuten

ZUTATEN

50 g Roggenmehl

50 ml Wasser

100 g Dinkelmehl

65 ml Wasser

10 g Hefe

175 g Dinkelmehl (Vollkorn-)

175 g Dinkelmehl

140 ml Buttermilch

15 g Salz

20 g Butter

1 EL Honig

ZUM BESTREUEN:

Kürbiskerne

ZUBEREITUNG

ROGGENSAUERTEIG:

Vermischen Sie 50 ml Wasser mit 50 g Roggenvollkornmehl und lassen es bei Zimmertemperatur mindestens 12 Stunden stehen.

VORTEIG:

Setzen Sie gleichzeitig den Vorteig aus 65 ml Wasser, 100 g Dinkelmehl und 10 g Hefe an. Verrühren Sie alle Zutaten gründlich und lassen den Teig ebenfalls für zwölf Stunden bei Zimmertemperatur ruhen.

HAUPTTEIG:

Verkneten Sie 175 g Dinkelmehl, 175 g Dinkelvollkornmehl, 20 g Butter, 140 ml Buttermilch, 15 g Salz und 1 EL Honig mit dem Roggensauer- und Vorteig zu einem glatten, geschmeidigen Teig. Diesen Teig lassen Sie für ca. zwei Stunden bei Zimmertemperatur gehen.

Aus dem Teig Brötchen schleifen und formen. Nach Wunsch mit Kürbiskernen bestreuen. Heizen Sie den Backofen auf 240 °C Ober- / Unterhitze vor. Backen Sie die Brötchen zehn Minuten bei 240 °C, anschließend für weitere zwölf Minuten bei 200 °C.

Nach Ende der Backzeit nehmen Sie die Brötchen aus dem Ofen und lassen sie auf einen Gitterrost auskühlen.

BUTTERMILCHHÖRNCHEN ODER /-BRÖTCHEN

ARBEITSZEIT: ca. 20 Minuten
RUHEZEIT: ca. zwei Stunden
BACKZEIT: ca. 30 Minuten
GESAMTZEIT: ca. zwei Stunden 50 Minuten

ZUTATEN

100 g Roggensauerteig
150 g Roggenvollkornmehl
150 g Weizenmehl
50 ml Wasser
100 ml Buttermilch
2 EL Olivenöl
5 g Salz
1 Ei
Sesam zum Bestreuen

ZUBEREITUNG

Mischen Sie alle Zutaten für den Teig und kneten ihn gründlich durch. Lassen Sie den Teig für ca. 30 Minuten ruhen.

Jetzt kneten Sie den Teig noch einmal durch und rollen ihn auf einer Arbeitsplatte aus.

Teilen Sie den Teil in ca. zehn dreieckige Teile und rollen diese von der breiten Seite beginnend zu Hörnchen auf.

Legen Sie die Hörnchen auf ein mit Backpapier ausgelegtes Blech, decken diese ab und lassen die Teiglinge für ca. zwei Stunden gehen.

Nach Ende der Ruhezeit bestreichen Sie die Hörnchen mit dem verquirlten Ei und bestreuen sie mit Sesam.

Backen Sie die Hörnchen im vorgeheizten Backofen bei 200 °C Ober-/ Unterhitze für ca. 30 Minuten.

Sie können dieses Rezept auch mit einer Frischkäsefüllung zubereiten.

HEIDEKRÜSTCHEN-BRÖTCHEN

ARBEITSZEIT: ca. 15 Minuten
RUHEZEIT: ca. 20 Stunden
BACKZEIT: ca. 25 Min.
GESAMTZEIT: ca. 20 Stunden 40 Minuten

ZUTATEN

SAUERTEIG:

250 g Roggenmehl, 1150

220 ml warmes Wasser

10 g Anstellgut

125 g Roggenschrot

125 ml heißes Wasser

HAUPTTEIG:

225 g Roggenmehl, Type 1150

250 g Weizenmehl, Type 1050

25 g weiche Butter

10 g frische Hefe

17 g Salz

½ TL Brot-Gewürzmischung

1 EL Backmalz

¼ EL Honig

230 ml warmes Wasser

Koriander, Fenchel, Kümmel

ZUBEREITUNG

SAUERTEIG:

Mischen Sie alle Zutaten miteinander und verrühren diese. Lassen Sie den Teig für ca. 18 Stunden bei Zimmertemperatur reifen.

Stellen Sie das Brühstück ca. vier Stunden vor der Teigherstellung her. Dafür vermischen Sie 125 ml heißes Wasser und 125 g Roggenschrot gut miteinander.

HAUPTTEIG:

Kneten Sie alle Zutaten für ca. fünf Minuten gut durch. Lassen Sie den Teig für ca. 30 Minuten ruhen, anschließend kneten Sie ihn nochmals gut durch und formen die Brötchen.

Dazu nehmen Sie vom Teig ca. 60 g schwere Stücke ab, mehlen diese gut ein, legen zwei Stücke aufeinander und drücken sie platt. Danach schlagen Sie zwei Seiten in die Mitte ein, rollen sie zusammen und legen Sie mit dem Schluss nach unten auf eine bemehlte Unterlage. Lassen Sie jetzt die Teiglinge für ca. 40 Minuten gehen.

Legen Sie nun die Teiglinge mit dem Schluss nach oben auf ein mit Backpapier ausgelegtes Backblech, befeuchten sie und bestreuen sie nach Wunsch mit Fenchel, Koriander oder Kümmel.

Backen Sie die Brötchen für 20 bis 25 Minuten bei 240 °C Ober-/ Unterhitze. Stellen Sie die ersten fünf Minuten ein mit Wasser gefülltes feuerfestes Gefäß mit in den Ofen.

GUTEN-MORGEN-BRÖTCHEN (acht Stück)

ARBEITSZEIT: ca. 25 Minuten
RUHEZEIT: ca. elf Stunden
BACKZEIT: ca. 20 Minuten
GESAMTZEIT: ca. elf Stunden 45 Minuten

ZUTATEN

333 g Weizensauerteig

1 TL Zucker

333 g Mehl, Type 550

5 g Butter

10 g Salz

110 ml kaltes Wasser

ZUBEREITUNG

Am Abend des Vortages verrühren Sie den Zucker mit dem Weizensauerteig und lassen ihn für ca. 20 Minuten abgedeckt gehen.

Anschließend geben Sie die restlichen Zutaten hinzu und kneten alles miteinander zu einem glatten, geschmeidigen Teig.

Lassen Sie den Teig nochmals für ca. 15 Minuten gehen. Formen Sie nun acht Brötchen und legen sie auf ein mit Backpapier ausgelegtes Backblech. Besprühen Sie die Teiglinge mit etwas

Wasser und decken das Blech mit der Fettpfanne ab. Lassen Sie das Blech bei einer Raumtemperatur von ca. 17 °C für ca. zehn Stunden gehen.

Vor dem Backen schneiden Sie die Teiglinge nach Wunsch ein.

Heizen Sie den Ofen auf 210 °C Ober- / Unterhitze vor, stellen auf den Boden ein mit Wasser gefülltes feuerfestes Gefäß und backen die Brötchen ca. 20 Minuten.

BUTTERMILCHKRÜSTCHEN (27 Stück)

ARBEITSZEIT: ca. eine Stunde
RUHEZEIT: ca. einen Tag
BACKZEIT: ca. eine Stunde
GESAMTZEIT: ca. einen Tag zwei Stunden

ZUTATEN

1 kg Weizenmehl, Type 405
200 g Weizenvollkornmehl
300 g Roggenvollkornmehl
300 g Sauerteig
500 ml Buttermilch
40 g Salz
2 EL Malz oder Honig
700 ml Wasser
1 Würfel Frischhefe
Mehl zum Ausrollen

ZUBEREITUNG

Lösen Sie die Hefe in lauwarmem Wasser auf und mischen sie mit den restlichen Zutaten. Kneten Sie alles zu einem geschmeidigen, weichen Teig. Sollte er zu fest sein, geben Sie noch ein wenig Flüssigkeit hinzu (lieber zu weich, als zu fest).

Anschließend kneten Sie den Teig noch ca. fünf Minuten auf der Arbeitsfläche gründlich durch. Geben Sie ihn dann zurück in die Schüssel, decken ihn ab und lassen den Teig für ca. 60 Minuten gehen.

Teilen Sie jetzt den Teig in gleichmäßige Stücke ca. 100 bis 120 g kneten jedes Teil und schleifen es rund. Wenn Sie alle Teiglinge fertig haben, sie für ca. 15 Minuten ruhen lassen.

Nun können Sie ganz nach Wunsch Ihre Brötchen mit einem scharfen Messer oder einer Rasierklinge einritzen. Dabei sind Ihrer Phantasie keine Grenzen gesetzt.

Bestäuben Sie jetzt die Teiglinge mit Mehl, dabei in die Schnitte das Mehl einpinseln. Lassen Sie die Brötchen für ca. 30 bis 60 Minuten gehen. Damit sie nicht trocken werden, vorher mit Wasser bespritzen.

Heizen Sie den Backofen auf 250 °C Umluft vor.

Schieben Sie die Bleche in den Ofen und schwaden die ersten zehn Minuten ordentlich. Nach zehn Minuten die Backofentür aufmachen, die Schwaden abziehen lassen und die Temperatur auf 175 °C reduzieren. Anschließend backen Sie die Brötchen für weitere zehn Minuten.

NORDLICHTER

ARBEITSZEIT: ca. 20 Minuten
RUHEZEIT: ca. zwei Stunden 40 Minuten
BACKZEIT: ca. 20 Minuten
GESAMTZEIT: ca. drei Stunden 20 Minuten

ZUTATEN

330 g Weizensauerteig

300 g Dinkelmehl

30 g Vollkornroggenmehl

30 g Zuckerrübensirup

12 g Salz

30 g Leinsamen

25 g Haferflocken, kernige

5 g Sesam

5 g Olivenö

110 ml Wasser

Sesam zum Bestreuen

ZUBEREITUNG

Verrühren Sie den Weizensauerteig mit dem Zuckerrübensirup und lassen ihn abgedeckt für ca. 20 Minuten ruhen.

Geben Sie nun alle restlichen Zutaten außer dem Sesam dazu und kneten alles zu einem geschmeidigen Teig.

Lassen Sie dem Teig ca. 20 Minuten ruhen.

Anschließend rollen Sie den Teig auf eine Fläche von ca. 15 x 15 cm aus und teilen ihn in acht quadratische Stücke.

Falten Sie die einzelnen Teigstücke diagonal zusammen, sodass ein Dreieck entsteht. Legen Sie die Dreiecke auf ein mit Backpapier ausgelegtes Backblech, befeuchten sie mit ein wenig Wasser und bestreuen sie mit Sesam.

Decken Sie das Blech ab und stellen es für ca. zwei Stunden an einen warmen Ort.

Heizen Sie den Ofen rechtzeitig auf 250 °C Ober-/ Unterhitze vor.

Die ersten zehn Minuten mit Schwaden backen, danach die Tür öffnen, die Schwaden abziehen lassen und die Temperatur auf 180 °C reduzieren. Nach weiteren zehn Minuten sind die Brötchen fertig.

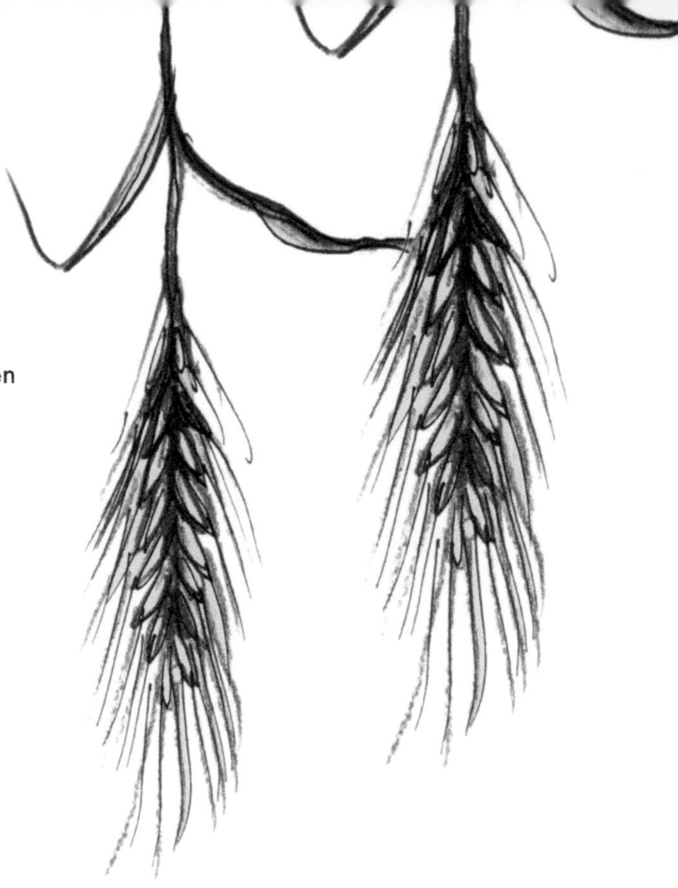

BERLINER SCHUSTERJUNGS

ARBEITSZEIT: ca. 20 Minuten
RUHEZEIT: ca. zwei Stunde
BACKZEIT: ca. 19 Minuten
GESAMTZEIT: ca. zwei Stunden 39 Minuten

ZUTATEN

145 g Roggenvollkornmehl

145 g Weizenmehl, Type 550

30 g aktiver Sauerteig

10 g Backmalz

10 g Frischhefe

10 g Salz

190 ml Wasser

ZUBEREITUNG

Mischen Sie die beiden Sorten Mehl mit dem Backmalz und geben alles in eine große Rührschüssel. Bröseln Sie die Hefe in die Mitte des Mehles und verteilen Sie das Salz am Rand.

Verrühren Sie jetzt den Sauerteig mit dem Wasser und geben ihn in die Schüssel dazu.

Verrühren Sie für eine Minute auf langsamer Stufe, danach kneten Sie den Teig für ca. sieben bis acht Minuten auf Stufe zwei. Sollte der Teig noch zu fest sein, geben Sie noch ein wenig Wasser hinzu. Decken Sie den Teig mit einem Tuch ab und lassen ihn für ca. 30 bis 40 Minuten an einem warmen Ort gehen. Er ist fertig, wenn sich das Volumen verdoppelt hat.

Bestreuen Sie die Arbeitsfläche großzügig mit Roggenmehl und geben den Teig darauf. Da der Teig noch klebrig ist, streuen Sie noch etwas Mehl auf den Teig und kneten den Teig mit der Hand durch.

Teilen Sie jetzt den Teig in zwei gleichmäßige Teile und drücken Sie diese zu einem groben Kreis. Anschließend teilen Sie mit dem Teigschaber jede Teighälfte in vier gleichgroße Stücke. Wälzen Sie jedes Teil großzügig in Roggenmehl und drücken die Ecken etwas an.

Bei diesen Brötchen ist keine runde Form vorgesehen, wer aber lieber runde Brötchen möchte, kann die Teile selbstverständlich auch rund formen.

Nun legen Sie die Teiglinge auf ein mit Backpapier belegtes Backblech. Achten Sie dabei auf einen ausreichenden Abstand. Decken Sie das Blech mit einem feuchten Tuch ab und lassen die Teiglinge ca. 90 Minuten ruhen.

Heizen Sie 30 Minuten vor Ende der Ruhezeit den Backofen auf 230 °C Ober-/ Unterhitze vor. Backen Sie die Brötchen ca. 20 Minuten auf der mittleren Schiene.

SONNENBLUMENBRÖTCHEN

ARBEITSZEIT: ca. 20 Minuten
RUHEZEIT: ca. zwei Stunde 20 Minuten
BACKZEIT: ca. 20 Minuten
GESAMTZEIT: ca. drei Stunden

ZUTATEN

150 g Weizensauerteig

400 g Weizenmehl, Typ 550

100 g Roggenmehl, Typ 1150

300 ml lauwarmes Wasser

2 g Hefe

10 g Salz

5 g Backmalz

Sonnenblumenkerne

ZUBEREITUNG

Mischen Sie alle Zutaten außer den Sonnenblumenkernen in eine Schüssel zusammen und verarbeiten sie zu einem glatten, geschmeidigen Teig. Decken Sie die Schüssel ab und lassen den Teig für ca. 90 Minuten gehen.

Arbeiten Sie nach ca. 45 Minuten einmal den Teig nach der Stretch-and-Fold-Methode durch. Breiten Sie den Teig auf einer gut bemehlten Arbeitsfläche aus. Teilen Sie den Teig in zehn gleichgroße Teile. Diese anschließend rund schleifen. Bestreichen Sie die Oberseite mit Wasser und drücken die Teiglinge vorsichtig in die Sonnenblumenkerne.

Decken Sie die fertigen Teiglinge gut ab und lassen sie für ca. 50 Minuten gehen.

Heizen Sie den Ofen auf 250 °C Ober-/ Unterhitze vor. Stellen Sie ein mit Wasser gefülltes feuerfestes Gefäß auf den Boden. Schieben Sie die Brötchen in den Ofen und backen sie für zehn Minuten mit Schwaden. Danach die Schwaden ablassen, indem Sie kurz die Ofentür aufmachen und die Temperatur auf 200 °C reduzieren. Nach weiteren zehn Minuten die Brötchen aus dem Ofen nehmen und abkühlen lassen.

JOGHURT-BRÖTCHEN MIT SAUERTEIG

ARBEITSZEIT: ca. 20 Minuten
RUHEZEIT: ca. 14 Stunden
BACKZEIT: ca. 25 Minuten
GESAMTZEIT: ca. 14 Stunden 45 Minuten

ZUTATEN

SAUERTEIG:

10 g aktiver Sauerteig

25 g Weizenmehl, Type 550

15 ml Wasser

HAUPTTEIG:

400 g Weizenmehl, Type 550

50 g Weizenmehl, Type 1050

125 g griechischer Naturjoghurt

200 ml Wasser

5 g frische Hefe

10 g Salz

ZUBEREITUNG

Bereiten Sie am Vortag den **Sauerteig zu, indem Sie alle Zutaten miteinander** vermischen, die Schüssel mit einem Tuch abdecken und den Teig bei Zimmertemperatur über Nacht gehen lassen. Für den Hauptteig geben Sie alle Zutaten außer dem Salz in eine Rührschüssel und kneten ihn für ca. vier Minuten auf kleinster Stufe. Geben Sie anschließend das Salz hinzu und kneten den Teig noch einmal für ca. sechs Minuten auf mittlerer Stufe.

Lassen Sie jetzt den Teig für ca. 90 Minuten gehen. Bearbeiten Sie dabei den Teig zweimal nach jeweils 30 Minuten nach der Stretch-and-Fold-Methode.

Nehmen Sie nun den Teig aus der Schüssel und ziehen Sie ihn vorsichtig auf einer bemehlten Fläche zu einem Rechteck aus. Stechen Sie mit einer Teigkarte beliebig Brötchen ab und legen sie auf ein mit Backpapier ausgelegtes Backblech.

Decken Sie die Teiglinge mit einem Tuch ab und lassen sie für ca. 60 Minuten gehen. Zwischenzeitlich heizen Sie den Ofen auf 220 °C Umluft vor.

Nach 25 Minuten sind die Brötchen fertig.

VESPER BRÖTCHEN

ARBEITSZEIT: ca. 35 Minuten
RUHEZEIT: ca. 18 Stunden
BACKZEIT: ca. 25 Minuten
GESAMTZEIT: ca. 19 Stunden

ZUTATEN

SAUERTEIG:

720 g Weizenmehl Type 550

420 ml lauwarmes Wasser

60 g Sauerteig Anstellgut

20 g Salz

ZUBEREITUNG

SAUERTEIG:

60 g Sauerteig Anstellgut aus dem Kühlschrank

120 g Weizenmehl Type 550

120 ml lauwarmes Wasser

Geben Sie alle Zutaten in eine Schüssel und verrühren diese gut mit einem Löffel. Decken Sie die Schüssel mit einem feuchten Tuch ab und lassen den Teig bei Zimmertemperatur für ca. 12 bis 15 Stunden gehen.

HAUPTTEIG:

Sauerteig

600 g Weizenmehl Type 550

300 ml lauwarmes Wasser

20 g Salz

Verkneten Sie alle Zutaten für ca. zehn Minuten zu einem glatten, geschmeidigen Teig. Der fertige Teig sollte eine Temperatur von ca. 26 °C haben.

Decken Sie jetzt den Teig mit einem feuchten Tuch ab und lassen ihn für ca. fünf Stunden bei Zimmertemperatur ruhen. In dieser Zeit bearbeiten Sie zweimal den Teig nach der Stretch-and-Fold-Methode.

Geben Sie anschließend den Teig auf eine bemehlte Arbeitsfläche und stechen mit einer Teigkarte Stücke von ca. 80 bis 100 g ab. Diese nun zu einer Kugel formen, schleifen und einschneiden. Wer möchte, kann die Teiglinge auch mit Kernen belegen.

Decken Sie die Brötchen mit Klarsichtfolie ab und lassen sie für ca. 20 Minuten ruhen. In dieser Zeit heizen Sie den Backofen auf ca. 230 °C Ober- / Unterhitze vor.

Legen Sie die Brötchen auf das untere Backblech und benutzen Sie das zweite als Deckel für das erste Backblech. Backen Sie die Brötchen für ca. 15 Minuten. Anschließend entfernen Sie den Deckel, reduzieren die Temperatur auf 200 °C und backen die Brötchen für weitere zehn Minuten.

Holen Sie die fertigen Brötchen aus dem Ofen und lassen sie auf einem Gitterrost abkühlen.

GLUTENFREIE CIABATTA-BRÖTCHEN

ARBEITSZEIT: ca. 35 Minuten
RUHEZEIT: ca. 22 Stunden
BACKZEIT: ca. 25 Minuten
GESAMTZEIT: ca. 23 Stunden

ZUTATEN

SAUERTEIG AM MORGEN VOR DEM BACKEN:

10 g glutenfreies Anstellgut

20 g Vollkornreismehl

20 ml Wasser

SAUERTEIG AM ABEND VOR DEM BACKEN:

50 g aktivierter Sauerteig

120 g Vollkornreismehl

120 ml Wasser

HAUPTTEIG:

Sauerteig

100 g Vollkornreismehl

100 g Reismehl

100 g Sorghummehl

50 g Hirsegrieß

15 g Flohsamenschalen

400 ml Wasser

15 g Olivenöl

10 g Salz

3 g frische Hefe

ZUBEREITUNG

SAUERTEIG:

Verrühren Sie für den ersten Sauerteig am Morgen vor dem Backtag alle Zutaten miteinander und lassen den Teig bis zum Abend gehen.

Für den zweiten Sauerteig mischen Sie am Abend den 1. Sauerteig mit dem Mehl und dem Wasser und lassen ihn mindestens 12 Stunden bei Zimmertemperatur gehen.

HAUPTTEIG:

Vermischen Sie am Backtag die trockenen Zutaten in einer Schüssel. Lösen Sie die Hefe in etwas warmen Wasser auf und geben sie mit dem Sauerteig, Öl und dem restlichen Wasser zum Teig. Kneten Sie den Teig mit der Küchenmaschine oder dem Handrührgerät. Am Anfang ist der Teig noch flüssig, erst wenn die Flohsamenschalen anfangen zu quellen und damit das Wasser bindet, wird er fester. Dieser Vorgang kann bis zu 15 Minuten dauern. Nach dem Quellen sollte der Teig weich sein und sich nur ein wenig vom Schüsselrand lösen.

Lassen Sie jetzt den Teig für ca. 90 Minuten gehen.

Anschließend nehmen Sie den Teig mit Vorsicht aus der Schüssel und legen ihn auf eine bemehlte Arbeitsfläche. Formen Sie nun aus dem Teig ein Rechteck. Achten Sie jedoch darauf, den Teig nicht zu sehr zu drücken, damit die Luft im Teig bleibt.

Stechen Sie nun mit der Teigkarte entweder drei Baguettes oder zwölf Brötchen aus. Legen Sie die Teiglinge auf ein mit Backpapier ausgelegtes Backblech, decken Sie mit einem Tuch ab und lassen sie für ca. 30 Minuten ruhen.

Zwischenzeitlich heizen Sie den Backofen auf 220 °C Ober-/ Unterhitze vor. Stellen Sie ein mit Wasser gefülltes feuerfestes Gefäß auf den Boden. Schieben Sie die Ciabatta in den Ofen und backen Sie für ca. 25 Minuten mit Dampf. Öffnen Sie nach 15 Minuten kurz die Ofentür, um den Wasserdampf entweichen zu lassen. Nach Ende der Backzeit nehmen Sie die Brötchen aus dem Ofen und lassen Sie auf einem Gitterrost auskühlen.

SNACKS

SAUERTEIG MIT HEFE SALZSTANGERL

ARBEITSZEIT: ca. eine Stunde 30 Minuten
RUHEZEIT: ca. eine Stunde 30 Minuten
BACKZEIT: ca. 20 Minuten
GESAMTZEIT: ca. drei Stunden 20 Minuten

ZUTATEN

600 g Weizenmehl Type 405

1/8 Liter lauwarmes Wasser

1½ TL Salz

50 g Sauerteig

¼ Liter lauwarmes Wasser,

½ Würfel Hefe

2 Eigelb

50 ml Milch

grobes Salz, Kümmel nach Bedarf

ZUBEREITUNG

Vermischen Sie den Sauerteig mit 1/8 Liter Wasser. Geben Sie die Hefe zu und lösen Sie sie auf. Geben Sie dann das Mehl in eine Schüssel und drücken eine Mulde hinein. In diese gießen Sie die Sauerteig-Wasser-Hefe Mischung. Decken Sie die Schüssel mit einem Leinen- oder Baumwolltuch ab und lassen Sie den Vorteig ca. 15 bis 20 Minuten gehen.

Nach den 20 Minuten geben Sie ¼ Liter Wasser und das Salz hinzu und verkneten es gut miteinander. Diesen Teig für 70 Minuten gehen lassen, bis er das Zweifache an Volumen erreicht hat. Streuen Sie Mehl auf die Arbeitsfläche und rollen Sie den Teig mit dem Nudelholz dünn aus. Schneiden Sie 15 x 15 cm große Quadrate aus dem Teig. Diese rollen Sie von einer Ecke her auf.

Jetzt verquirlen Sie die zwei Eigelb mit der Milch und bestreichen damit die Stangerl. Je nach Geschmack mit dem Salz und dem Kümmel bestreuen. Alternativ können Sie die Stangerl auch mit Käse bestreuen. Jetzt im vorgeheizten Backofen bei 200 °C Ober/ Unterhitze ca. 20 Minuten backen.

SAFTIGES SAUERTEIG-BROT MIT KRÄUTERQUARK

ARBEITSZEIT: ca. eine Stunde 30 Minuten
RUHEZEIT: 24 Stunden
KOCH- /BACKZEIT: ca. eine Stunde 30 Minuten

ZUTATEN

SAUERTEIG:

100 g Anstellgut

400 g Roggenmehl Type 1150

500 ml ca. 40 °C warmes Wasser

HAUPTTEIG:

200 g Roggenschrot

300 ml heißes Wasser

200 g Vollkorn-Weizenmehl

300 g Dinkelmehl Type 630

50 g Sonnenblumenkerne

50 g Leinsamen

50 g Getreideflocken, gemischte (Hafer, Gerste, Weizen, Dinkel, Roggen)

200 g Kräuterquark

10 g Hefe

25 g Salz

250 ml warmes Wasser

Fett für die Form

Roggenschrot für die Form

ZUBEREITUNG

SAUERTEIG:

Am Vortag des eigentlichen Backens setzen Sie mit den Zutaten Ihren Sauerteig an. Dafür mischen Sie alles gut miteinander und kneten es, bis ein homogener Teig entstanden ist. Decken Sie den Teig mit einem Tuch ab und lassen ihn bei Zimmertemperatur (ca. 22 °C bis 25 °C) 24 Stunden ruhen.

Nach zwölf Stunden verrühren Sie das Roggenschrot mit 300 ml heißem Wasser, decken es auch ab und lassen es zwölf Stunden stehen.

HAUPTTEIG:

Jetzt kann es mit dem Backen losgehen. Nehmen Sie vom Sauerteig 100 g ab und bewahren Sie es als Anstellgut für Ihren nächsten Sauerteig im Kühlschrank auf. Geben Sie 300 g Sauerteig, das eingeweichte Roggenschrot, Dinkel- und Vollkornweizenmehl, Leinsamen, Sonnenblumenkerne, Kräuterquark, Salz und die Flockenmischung in eine große Schüssel.

Lösen Sie die Hefe in 200 ml warmem Wasser auf und geben Sie die Wasser-Hefe-Mischung dazu. Verrühren Sie alles zu einem weichen Teig. Sollte der Teig zu fest und trocken sein, geben Sie noch die 50 ml Wasser hinzu. Der Teig sollte weich, aber nicht flüssig sein.

Rühren Sie den Teig ca. fünf Minuten. Danach decken Sie die Schüssel mit einem Tuch ab und lassen den Teig für eine Stunde an einem warmen Ort gehen. In dieser Zeit soll sich das Volumen deutlich vergrößern.

Fetten Sie jetzt Ihre Backform ein und bestreuen sie mit Roggenschrot. Den Teig in die Form geben und mit feuchten Händen glatt streichen. Wenn Sie möchten, können Sie Ihren Teigling noch mit Roggenschrot bestreuen. Nochmals für ca. eine Stunde zugedeckt bei einer Zimmertemperatur von ca.

22 °C bis 24 °C gehen lassen.

Heizen Sie den Backofen auf 250 °C Ober/ Unterhitze vor. Backen Sie das Brot zunächst für zehn Minuten Dabei schwaden, indem Sie mit einer Sprühflasche kräftig in den Backofen sprühen.

Wiederholen Sie den Schwadvorgang fünfmal in den ersten 30 Minuten.

Nach zehn Minuten reduzieren Sie die Temperatur auf 230 °C und backen es noch weitere 50 Minuten. Wenn das Brot zu dunkel wird, decken Sie es mit Alufolie ab.

Um sicher zu sein, dass Ihr Brot gut durchgebacken ist, empfehlen wir den sogenannten Klopftest. Wenn Sie auf den Boden des Brotes klopfen und es hohl klingt, dann können Sie sicher sein, dass Ihr Brot durchgebacken ist.

LAUGENGEBÄCK

ARBEITSZEIT: ca. eine Stunde
RUHEZEIT: ca. eine Stunde 20 Minuten
KOCH- / BACKZEIT: ca. 20 Minuten

ZUTATEN

500 g Weizenmehl, 550

250 ml lauwarmes Wasser

10 g Salz

10 g Backmalz

20 g Hefe

30 g Sauerteig-Extrakt

1 Prise Zucker

ca. 50 g weiche Butter oder Öl, geschmacksabhängig

Natron-Lauge, (4 %-ig)

Hagelsalz

ZUBEREITUNG

Lösen Sie die Hefe in dem lauwarmen Wasser auf und verkneten Sie alle Zutaten zu einem glatten, eher trockenen geschmeidigen Teig. Lassen Sie den Teig eine Stunde bei Zimmertemperatur gehen.

Stechen Sie vom Teig Stücke ab und formen Sie nach Belieben Brötchen, Stangen oder Brezen. Ziehen Sie sich dann Handschuhe an und tauchen Sie jeden Teigling in die Natronlauge. Dieser Schritt erfordert etwas Übung, da der Teig schnell an Stabilität abnimmt und dann kleben bleibt. Legen Sie die Teiglinge auf ein mit Backpapier ausgelegtes Backblech und lassen Sie diese noch mal für ca. 20 Minuten gehen. Ritzen Sie mit einer Bäckerklinge oder einem scharfen Küchenmesser die Teiglinge ein und bestreuen diese mit Hagelsalz. Alternativ können Sie auch geriebenen Käse und Schinkenwürfel verwenden.

Heizen Sie den Backofen auf 200 °C Ober/ Unterhitze vor und backen Sie das Laugengebäck für 20 Minuten.

Schütten Sie nach dem Backen Ihre Natronlauge nicht weg, Sie können sie mehrmals verwenden. Tipp: Lassen Sie sich die Natronlauge in der Apotheke mischen, damit erzielen Sie ein weitaus besseres Backergebnis als mit Haushaltsnatron angesetzte Lauge.

SAFTIGE ZIMTSCHNECKEN MIT SAUERTEIG

VORBEREITUNGSZEIT: acht Stunden
ZUBEREITUNGSZEIT: eine Stunde

ZUTATEN

TEIG:

200 g Sauerteig-Starter
470 g Weizenmehl, Type 405
130 g Voll- oder Hafermilch
190 g Butter
4 Eier
48 g Zucker
12 g Salz

ZIMT-FÜLLUNG:

215 g brauner Zucker

40 g Weizenmehl Type 405

40 g flüssige Butter

2 TL Zimt

1/2 TL Salz

FROSTING:

200 g Frischkäse

80 g Puderzucker

Saft einer halben Zitrone

Mark einer Vanilleschote

ZUBEREITUNG

Als Erstes nehmen Sie die Butter aus der Kühlung und schneiden Sie sie in kleine, ca. 40 g schwere Stücke. Stellen Sie die Butter-Würfel am besten bei eingeschalteter Backofenlampe für ca. 20 Minuten in den Backofen, sodass sich die Butter gut verarbeiten lässt. Geben Sie den Sauerteig-Starter mit den Eiern, dem Zucker und der Milch zusammen in eine Schüssel und mischen Sie den Teig gut durch. Der Teig ist gut, wenn eine geschmeidige, homogene Masse entstanden ist. Am besten ist es, wenn Sie zuerst auf den Mixer die Rührbesen setzen und nach zwei Minuten die Knethaken benutzen.

Geben Sie jetzt das Mehl zusammen mit dem Salz in eine kleine Schüssel und mischen es kurz durch.

Geben Sie Mehl und Salz in eine weitere Schüssel und mischen Sie es einmal durch. Geben Sie jetzt nach und nach das Mehl zum Sauerteig dazu. Wenn Sie eine Küchenmaschine oder den Handmixer benutzen, lassen Sie diese auf niedrigster Stufe arbeiten. Wenn Sie das komplette Mehl untergearbeitet haben, lassen Sie sich nicht daran stören, dass Ihr Teig noch etwas klumpig aussieht. Das ist vollkommen normal.
Lassen Sie den Teig jetzt für zehn Minuten ruhen. Danach kneten Sie den Teig auf mittlerer Geschwindigkeit für ca. zehn Minuten. Wenn er ziemlich glatt ist, arbeiten Sie die Butterwürfel in den Teig ein. Für diesen Vorgang geben Sie bei eingeschalteter Maschine immer nur einen Würfel Butter in den Teig und warten, bis dieser komplett eingearbeitet ist. Wählen Sie dazu die mittlere Geschwindigkeit. Wenn Sie nach ca. zehn Minuten alle Butterwürfel verarbeitet haben, sollte Ihr Teig wie Seide glänzen.

STOCKGARE 1:

Lassen Sie jetzt den Teig für 120 Minuten ruhen, ideal wäre eine Raumtemperatur von ca. 22 °C bis 24° C. Legen Sie ihn dafür in eine geräumige Tupperdose. Wichtig ist, dass der Teig sich gut ausbreiten kann, damit Sie ihn gut falten können. Das erste Mal falten Sie den Teig nach 30 Minuten, das zweite Mal nach 60 Minuten und das dritte Mal nach 90 Minuten. Dieses machen Sie während der zwei Stunden Stockgare.

Wie falten Sie den Teig richtig? Greifen Sie am besten mit nassen Händen unter den Teig, ziehen und dehnen ihn nach oben und legen die gedehnte Hälfte auf den darunter liegenden Teig. Den Vorgang machen Sie einmal von jeder Seite.

Der Teig ist dabei noch sehr weich, die nötige Festigkeit bekommt er erst in der Stockgare im Kühlschrank.

STOCKGARE 2:

Nachdem die 120 Minuten. Stockgare I vorbei sind, kommt der Teig wenigstens für zweieinhalb Stunden in den Kühlschrank zur Stockgare II. Perfekt wären zwischen vier und fünf Stunden Stockgare II.

ZIMTFÜLLUNG:

Geben Sie alle Zutaten in eine Schüssel und mischen sie sorgfältig durch. Die Zimtmasse sollte schön feucht und trotzdem krümelig sein.

Nachdem die Stockgare II abgeschlossen ist, streuen Sie auf die Arbeitsfläche großzügig Mehl aus. Sollten Sie nur eine kleine Fläche zur Verfügung haben, dürfen Sie den Teig auch auf zweimal ausrollen. Der ausgerollte Teig sollte eine Stärke von ca. drei mm haben und 25 cm breit sein. Verteilen Sie jetzt die Zimtfüllung auf den Teig, lassen Sie am oberen Rand ca. einen cm frei um die Rolle später verkleben können. Rollen Sie den Teig nun gleichförmig zu einer Rolle auf. Arbeiten Sie sich von unten nach oben. Wichtig dabei ist, dass Sie die Rolle besonders am Anfang schön dicht rollen, damit sie später beim Schneiden nicht auseinanderfällt.

Die Rolle verschließen Sie, indem Sie ein bisschen Wasser auf das Teigende streichen und die Rolle so zusammenkleben können.

Schneiden Sie unmittelbar im Anschluss die Rolle in gleichbleibende ca. drei bis vier cm dicke Teile.

BACKEN:

Heizen Sie den Backofen eine halbe Stunde, bevor Sie backen möchten, auf 200 °C Ober/Unterhitze vor. Fetten Sie eine Auflaufform mit Butter ein.

Setzen Sie die Zimtschnecken mit einem Abstand von ca. fünf cm in die vorbereitete Auflaufform. Backen Sie jetzt für ca. 25 Minuten die Zimtschnecken goldbraun.

In der Zeit, in der die Zimtschnecken im Ofen sind, können Sie das Frosting vorbereiten. Vermischen Sie sämtliche Zutaten gründlich mit dem Schneebesen und schlagen Sie es so lange, bis eine geschmeidige Masse entstanden ist. Nehmen Sie die fertigen Zimtschnecken aus dem Ofen, lassen sie ein wenig abkühlen und garnieren die lauwarmen Schnecken mit einem Klecks Frosting. Die Creme zerschmilzt auf der Zimtschnecke.

SCHOKOKEKSE

ZUBEREITUNGSZEIT: 30 Minuten

Dieses Rezept eignet sich perfekt, um Ihre Sauerteigreste zu verwenden.

ZUTATEN

TEIG:

140 g Zartbitterschokolade

120 g Butter

135 g Zucker

1 TL Vanillezucker

¼ TL Salz

100 g Sauerteig

1 TL Natron

20 g Kakaopulver

145 g helles Mehl

½ TL Zimt

120 g gehackte Haselnüsse

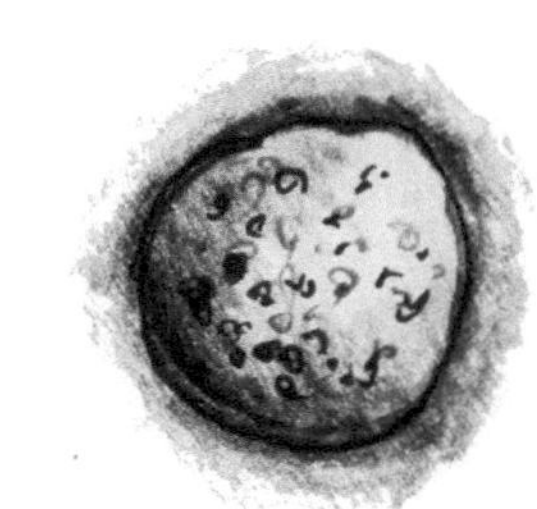

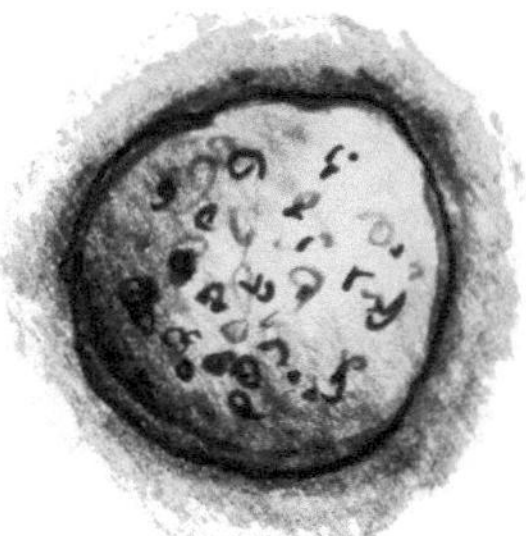

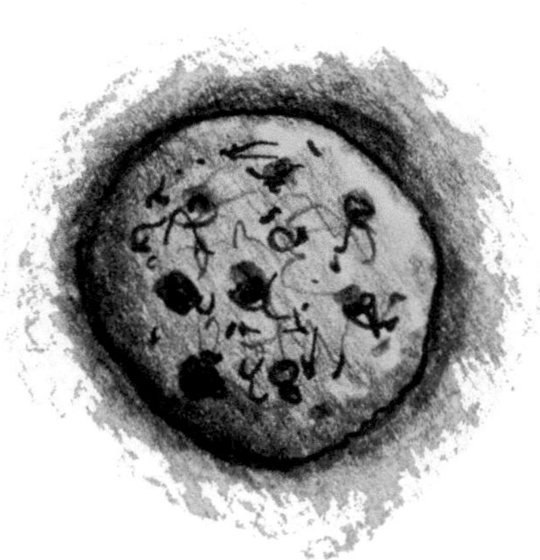

ZUBEREITUNG

Legen Sie zwei mit Backpapier ausgelegte Backbleche bereit.

Brechen Sie die Schokolade grob auseinander und geben Sie sie in eine Schüssel. Fügen Sie die Butter hinzu und lassen sie über einem Wasserbad schmelzen. Dafür füllen Sie einen Topf mit Wasser, erhitzen es und stellen die Schüssel in bzw. auf den Topf. Damit haben Sie kein Risiko, das die Schokolade anbrennt.

Geben Sie zur geschmolzenen Schokolade den Vanillezucker, das Salz, den Zucker und Sauerteig hinzu.

Jetzt mischen Sie sorgfältig den Zimt, das Natron und den Kakao unter das Mehl. Anschließend geben Sie portionsweise das Mehl in die Sauerteigmasse und verrühren es so lange, bis das Mehl komplett verarbeitet ist. Zum Schluss geben Sie die Nüsse dazu und vermischen den Teig noch einmal gründlich.

Nehmen Sie zwei Teelöffel und formen mit ihnen ca. zwei bis drei cm große Bällchen und setzen diese mit ein wenig Abstand auf das Backblech.

Heizen Sie den Backofen auf 175 °C Umluft vor und backen die Kekse für ca. zehn Minuten. Nach der Backzeit nehmen Sie das Blech aus dem Ofen und lassen die Plätzchen auf einem Gitterrost auskühlen.

SÜẞER SAUERTEIG-KRANZ MIT SCHOKOLADENFÜLLUNG

ARBEITSZEIT: ca. 30 Minuten
RUHEZEIT: dreieinhalb bis vier Stunden
BACKZEIT: ca. 30 Minuten

ZUTATEN

SAUERTEIG:

20 g Anstellgut

100 ml Wasser

100 g Mehl, Type 550

HAUPTTEIG:

220 g aktiver Sauerteig

190 ml lauwarme Milch

370 g Weizenmehl, Type 550

1 Eigelb

20 g sehr weiche Butter

30 g brauner Zucker, z. B. Rohrzucker

6 g Salz

FÜLLUNG:

100 g sehr weiche Butter

50 g brauner Rohrzucker

5 g Zimt

70 g sehr fein geriebene dunkle Schokolade.

ZUBEREITUNG

Am Vortag verrühren Sie Ihr Anstellgut mit dem Wasser und dem Mehl und lassen den Teig bei Raumtemperatur über Nacht reifen.

Für den Hauptteig geben Sie 100 ml lauwarme Milch zum Sauerteig, verrühren beide sehr gut und geben es in die Rührschüssel der Küchenmaschine. Geben Sie nach und nach die weiteren Zutaten zum Teig dazu und lassen die Maschine langsam kneten. Geben Sie die restliche Milch nur schluckweise dazu. Wenn die gewünschte Konsistenz des Teiges schon eher gegeben ist, brauchen Sie nicht die ganze Menge an Milch zugeben. Der Teig hat die richtige Konsistenz nach ca. fünf bis zehn Minuten auf langsamer Geschwindigkeit erreicht, wenn er sich vom Schüsselrand löst.

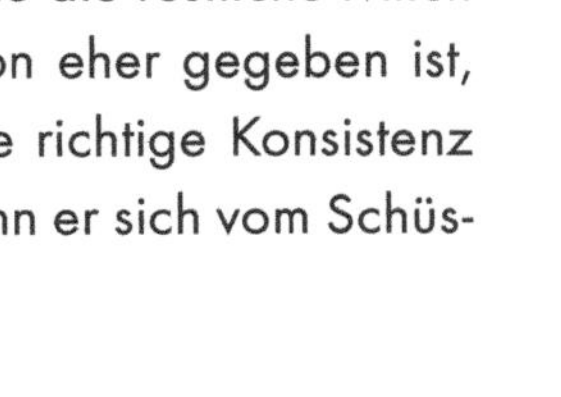

Lassen Sie jetzt den Teig zugedeckt ca. zwei bis drei Stunden an einem warmen Ort gehen, bis sich sein Volumen verdoppelt hat.

Wenn sich die Ruhezeit zum Ende neigt, können Sie die Füllung zubereiten. Nehmen Sie dazu die geriebene Schokolade, vermischen sie mit Zucker und Zimt und verrühren sie alles mit der weichen Butter.

Nehmen Sie eine Springform, fetten und mehlen sie oder legen sie mit Backpapier aus.

Rollen Sie den Teig auf einer bemehlten Arbeitsfläche zu einem Rechteck aus. Der Teig sollte ungefähr eine Stärke von drei mm haben. Verteilen Sie die Füllung gleichmäßig auf den Teig. Jetzt rollen Sie den Teig von der langen Seite her ein und legen ihn mit dem Ende nach unten vor sich. Schneiden Sie jetzt mit einem Pizzaroller oder einem scharfen Messer die Rolle einmal längs durch, aber lassen Sie oben ein kleines Stück ganz.

Nun legen Sie die beiden Teigstränge mit der Schnittfläche nach oben und verschlingen Sie miteinander. Jetzt formen Sie daraus einen Kranz und drücken die Enden fest zu. Legen Sie den Kranz in die vorbereitete Backform und lassen Sie ihn noch ca. 70 bis 90 Minuten bei Raumtemperatur ruhen.

Heizen Sie den Backofen auf 200 °C Ober/ Unterhitze vor. Nach der Ruhezeit schieben Sie den Kranz in den Ofen und backen ihn für 30 Minuten durchweg mit Dampf.

Lösen Sie den Kranz aus der Form und lassen ihn leicht abkühlen.

Bestreuen Sie ihn vor dem Servieren mit Puderzucker.

PIZZA AUS SAUERTEIG

ARBEITSZEIT: ca. zehn Minuten
RUHEZEIT: ca. zehn Stunden
BACKZEIT: ca. zehn Minuten
GESAMTZEIT: ca. 20 Stunden und 20 Minuten

ZUTATEN

54 g Anstellgut

127 g Mehl Type 405

155 g Mehl Type 550

164 ml lauwarmes Wasser

8 g Salz

5 ml Olivenöl

ZUBEREITUNG

Vermischen Sie alle Zutaten mit dem lauwarmen Wasser, kneten alles gründlich durch und lassen den Teig für ca. 15 Minuten ruhen.

Kneten Sie jetzt den Teig nochmals gut durch und formen zwei gleichgroße Kugeln. Legen Sie je eine Kugel auf einem mit Mehl bestreuten Teller und decken den Teigling mit Frischhaltefolie ab. Lassen Sie jetzt den Teig bei Raumtemperatur ca. acht bis zwölf Stunden stehen. Das Volumen soll sich gut verdoppelt haben.

Alternativ können Sie den Teig für einige Tage im Kühlschrank ruhen lassen. Perfekt wäre dann der 3. Tag zum Verarbeiten. Nehmen Sie den Teig dafür 45 Minuten vorher aus dem Kühlschrank.

Heizen Sie den Backofen auf 250 °C Ober- / Unterhitze vor. Lösen Sie jetzt den ersten Teigling vom Teller. Er sollte nun sehr dehnbar, samtig und weich sein. Drücken Sie ihn vorsichtig flach und dehnen ihn, bis er die gewünschte Pizzagröße erreicht hat. Verwenden Sie genügend Mehl, damit die Unterseite nicht kleben bleibt.

Jetzt können Sie Ihre Pizza nach Ihren Wünschen belegen und im Ofen für ca. sechs bis zehn Minuten backen.

SAUERTEIG-DINNETE (SCHWÄBISCHE PIZZA)

ARBEITSZEIT: ca. eine Stunde
RUHEZEIT: ca. drei Stunden
BACKZEIT: ca. zehn Minuten
GESAMTZEIT: ca. vier Stunden und zehn Minuten

ZUTATEN

TEIG:

900 g Dinkelmehl, Typ 630

350 g Weizen- oder Dinkelsauerteig

2 EL Salz

400 ml Wasser

BELAG:

200 g Schmand

100 g Crème fraîche

2 TL Kräutersalz

1 Ei

100 g Mehl

Pfeffer

Petersilie

1 Paprikaschote

½ Stange Lauch

200 g Speck

ZUBEREITUNG

Kneten Sie alle Zutaten ca. acht Minuten zu einem weichen Teig. Lassen Sie den Teig abgedeckt für ca. zwei bis drei Stunden gehen.

Die Ruhezeit können Sie nutzen, um den Belag vorzubereiten. Verrühren Sie den Schmand, das Ei, Mehl, die Gewürze und Créme fraîche zu einer geschmeidigen Masse.

Schneiden Sie Ihr gewähltes Gemüse klein. Ihrer Fantasie sind bei der Auswahl des Belages keine Grenzen gesetzt.

Heben Sie den Teig auf eine bemehlte Arbeitsfläche und dehnen und falten Sie ihn einmal. Stechen Sie zwischen zehn und zwölf Portionen ab. Lassen Sie den Teig jetzt noch mal ca. 15 Minuten ruhen.

Drücken Sie danach die Portionen den Teig zu einem Fladen, bis er eine Stärke von ca. fünf mm hat.

Legen Sie die Fladen auf ein Backpapier, das die Größe Ihres Backbleches hat, und bestreichen sie alle mit 1½ EL der vorbereiteten Masse. Jetzt können Sie nach Ihren Wünschen die Fladen belegen. Bei diesen Fladen ist die Schmandmasse der Hauptbelag, belegen Sie nicht zu viel andere Zutaten auf die einzelnen Fladen. Achten Sie darauf, dass der Rand frei bleibt.

Heizen Sie den Backofen mit den Backblechen auf 250 °C Ober- / Unterhitze vor.

Ziehen Sie das Backpapier auf das aufgeheizte Backblech, schieben Sie das Blech sofort wieder in den Ofen und backen die Pizza für zehn bis zwölf Minuten.

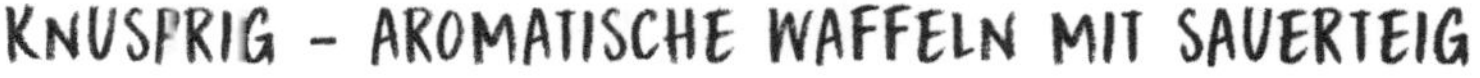

KNUSPRIG – AROMATISCHE WAFFELN MIT SAUERTEIG

ARBEITSZEIT: ca. 15 Minuten
RUHEZEIT: ca. 16 Stunden
BACKZEIT: ca. 20 Minuten
GESAMTZEIT: ca. 16 Stunden 35 Minuten

ZUTATEN

SAUERTEIG:

60 g Anstellgut (Weizensauerteig)

60 ml Milch

60 g Weizenmehl, Type 405 oder 550

HAUPTTEIG:

120 g Sauerteig

500 ml Milch

7,2 g frische Hefe

1 TL Salz

55 g Zucker

1 Pck. Vanillinzucker

2 Eier

55 g zerlassene, abgekühlte Butter

300 g Weizenmehl Type 405 oder 550

Öl für das Waffeleisen

ZUBEREITUNG

Verrühren Sie am Vortag das Anstellgut mit dem Mehl und der Milch und lassen den Teig bei Zimmertemperatur, idealerweise ca. 24 °C für vier Stunden ruhen.

Wiegen Sie 120 g vom fertigen Sauerteig ab, fügen Sie die Milch zu und lösen darin die Hefe auf. Geben Sie jetzt die restlichen Zutaten dazu und mixen es zu einem homogenen, glatten Teig. Der Waffelteig ist dünnflüssiger als ein normaler Waffelteig. Geben Sie den Teig jetzt in den Kühlschrank und lassen ihn über Nacht ruhen.

Am nächsten Tag lassen Sie den Teig etwas akklimatisieren und backen den Teig bei mittlerer Hitze im Waffeleisen. Ölen Sie vorher das Waffeleisen mit einem Pinsel ein, da dieser Teig weniger Fett enthält wie normal üblich. Diese Waffeln sind außen kross und innen fluffig. Einen guten aromatischen Geschmack bekommen sie durch die leichte Säure.

BUCHWEIZENPFANNKUCHEN (Vegan, vegetarisch, ohne Eier, Hefe und Milch)

ARBEITSZEIT: ca. 15 Minuten
RUHEZEIT: ca. ein Tag
BACKZEIT: ca. 15 Minuten
GESAMTZEIT: ca. ein Tag 30 Minuten

ZUTATEN

100 ml Sauerteig

2 Handvoll Buchweizenmehl

2 Prisen Salz

nach Wunsch Haferflocken, Wasser

ZUBEREITUNG

Vermischen Sie alle Zutaten in einem Messbecher miteinander und lassen diesen abgedeckt über Nacht bei Zimmertemperatur idealerweise bei 22 ° bis 24 °C stehen.

Der Teig soll die Konsistenz von einem normalen Pfannkuchenteig haben.

Braten Sie am nächsten Tag die Pfannkuchen in einer heißen und gefetteten Pfanne aus. Servieren Sie die Pfannkuchen mit Butter und Sirup oder Honig.

SAUERTEIG-KÄSE-CRACKER

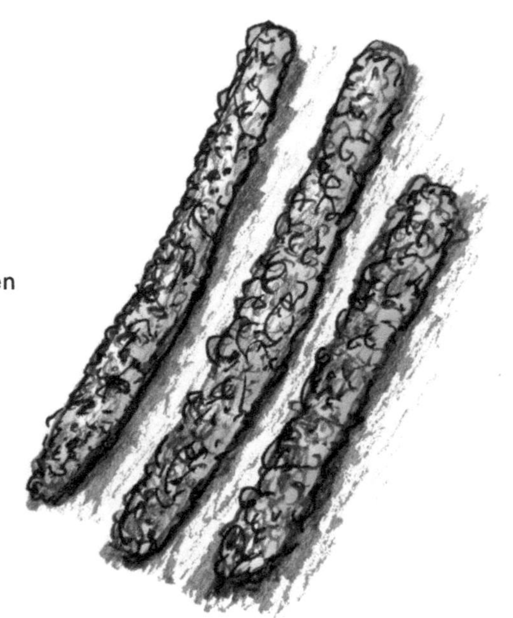

ARBEITSZEIT: ca. zehn Minuten
RUHEZEIT: ca. zehn Minuten
BACKZEIT: ca. 45 Minuten
GESAMTZEIT: ca. eine Stunde und fünf Minuten

ZUTATEN

240 ml Anstellgut

2 EL Olivenöl

¾ TL Meersalzflocken

170 g gereifter Cheddarkäse

ZUBEREITUNG

Heizen Sie den Backofen auf 160 °C Ober- / Unterhitze vor uns legen Sie ein Backblech mit Backpapier aus.

Verrühren Sie das Anstellgut mit dem Olivenöl und dem Meersalz, anschließend heben Sie mit einem Gummispachtel den Käse unter.

Streichen Sie die Masse so dünn wie möglich auf das Backblech, es darf gerade so der Boden bedeckt sein.

Backen Sie die Masse ca. 40 bis 45 Minuten, bis die Ränder eine golden / orangene Farbe haben. Lassen die Masse ca. fünf bis zehn Minuten abkühlen und brechen Sie danach zu Crackern auseinander.

Um sie knusprig zu halten, bewahren Sie die fertigen Cracker in einer Blechdose oder einem Schraubglas auf.

PANCAKES

ARBEITSZEIT: ca. zehn Minuten
RUHEZEIT: ca.15 Minuten
GESAMTZEIT: ca. 25 Minuten

ZUTATEN

150 g Roggensauerteig

250 ml Wasser

30 g Zucker

200 g Weizenmehl Type 405 oder 550

1 TL Backpulver

ZUBEREITUNG

Verrühren Sie alle Zutaten zu einem glatten Teig. Da ein selbst gemachter Sauerteig immer eine unterschiedliche Konsistenz aufweist, können Sie mit der Wassermenge ein wenig spielen. Der Teig sollte nicht zu dickflüssig werden.

Den Teig in einer beschichteten Pfanne bei mittlerer Hitze zu goldenen Pancakes backen.

Wenn Sie Ihre Pancakes weicher und saftiger möchten, können Sie dem Teig noch 20 g Butter hinzufügen.

DINKEL-SAUERTEIG-SCHNECKEN MIT AJVARFÜLLUNG

ARBEITSZEIT: ca. 20 Minuten
RUHEZEIT: ca. zwei Stunden 30 Minuten
BACKZEIT: ca. zwölf Minuten
GESAMTZEIT: ca. drei Stunden zwei Minuten

ZUTATEN

TEIG:

300 g Weizenvollkornmehl

250 g Dinkelvollkornmehl

150 g Roggensauerteig

10 g Meersalz

1 EL Öl

10 g Frischhefe

200 g Dickmilch

50 ml Wasser

FÜLLUNG:

160 ml milder Ajvar

ZUBEREITUNG

Stellen Sie aus allen Zutaten einen homogenen Teig her, der fast nicht mehr kleben bleibt. Formen Sie den Teig zu einer Kugel und lassen ihn für ca. 30 Minuten ruhen.

Anschließend rollen Sie den Teig drei mm dick auf 40 x 25 cm aus. Bestreichen Sie den Teig gleichmäßig mit dem Ajvar.

Rollen Sie jetzt den Teig auf der langen Seite auf. Schneiden Sie die Rolle in ca. ein cm breite Teile. Nun drücken Sie die einzelnen Teile vorsichtig rund und legen sie auf ein mit Backpapier ausgelegtes Backblech. Lassen Sie die Teiglinge zugedeckt für ca. zwei Stunden ruhen.

Heizen Sie den Backofen auf 230 °C Umluft vor. Schieben Sie das Backblech auf die mittlere Schiene, reduzieren die Temperatur auf 200 °C und backen die Schnecken ca. zwölf bis fünfzehn Minuten.

Nach dem Backen auf einem Gitterrost abkühlen lassen.

SAUERTEIG BANANENKUCHEN

ARBEITSZEIT: ca. eine Stunde
RUHEZEIT: ca. zehn Stunden
BACKZEIT: ca. 55 bis 80 Minuten
GESAMTZEIT: ca. zwölf Stunden

ZUTATEN

VORTEIG:

180 ml Milch

150 g Mehl, Weizen- oder Dinkelvollkornmehl

70 g Honig

50 g Sauerteig

HAUPTTEIG:

250 g getrocknete, klein geschnittene Datteln

100 g gemahlene Paranüsse

2 Bananen, ca. 100 g püriertes Fruchtfleisch

100 g geschmolzene Butter

70 g Honig

1 Prise Salz

½ TL gemahlenen Zimt

250 g Mehl, Weizen- oder Dinkelvollkornmehl

ZUBEREITUNG

VORTEIG:

Mischen Sie alle Zutaten zusammen. Bedecken Sie die Schüssel mit einem feuchten, warmen Tuch und stellen sie in eine Plastiktüte. Das verhindert das Austrocknen des Teiges.

Stellen Sie die Schüssel an einen warmen Ort und lassen den Teig für ca. sechs bis acht Stunden gären. In dieser Zeit soll der Teig deutlich an Volumen zugenommen haben.

HAUPTTEIG:

Verrühren Sie alle Zutaten gut miteinander, geben den Vorteig hinzu und verrühren alles zusammen zu einem glatten, geschmeidigen Teig. Geben Sie den Teig in eine Pfanne, drücken Sie ihn fest an und streichen ihn glatt. Die obere Hälfte des Teiges vom Rand lösen geht am besten mit einem feuchten Teigschaber: diesen bis zur Mitte drücken, bis er denselben Durchmesser wie der Pfannenboden hat. Lassen Sie den Teig zugedeckt an einem warmen Ort ca. zwei Stunden gehen, bis er um etwa ein Drittel aufgegangen ist.

Backen Sie den Kuchen auf dem Herd für ca. 35 bis 40 Minuten bei mittlerer Hitze. Nehmen Sie dann die Pfanne vom Herd und lassen den Teig für ca. 20 bis 30 Minuten verfestigen. Drehen Sie anschließend den Teig vorsichtig um und backen ihn für weitere 15 bis 20 Minuten fertig.

Stürzen Sie den Kuchen aus der Pfanne und lassen ihn auf einem Kuchenrost auskühlen.

Wickeln Sie den abgekühlten Kuchen in Alufolie und lassen ihn vor dem Anschneiden ein paar Tage an einem kühlen Ort ruhen.

HERMANN-SCHOKO-KIRSCH-KUCHEN

ARBEITSZEIT: ca. 20 Minuten
BACKZEIT: ca. 45 bis 55 Minuten
GESAMTZEIT: ca. 20 Minuten

ZUTATEN

250 g weiche Butter oder Margarine

200 g Zucker

2 Pck. Bourbon Vanillezucker

6 Eigelb

6 steif geschlagenes Eiweiß

200 g Mehl

2 TL Backpulver

200 g gemahlene Mandeln

200 g gehackte Vollmilchschokolade

400 g Hermann-Teig

2 Gläser abgetropfte Sauerkirschen

ZUBEREITUNG

Rühren Sie die weiche Butter mit dem Vanillezucker und Zucker schaumig. Fügen Sie nacheinander die Eigelbe hinzu.

Mischen Sie anschließend das Mehl, Backpulver, Schokolade und Mandeln miteinander und rühren Sie es portionsweise unter die Butter-Eiermasse. Geben Sie jetzt den Hermann-Teig hinzu. Schlagen Sie die Eiweiße steif und heben es vorsichtig unter den Teig.

Nun geben Sie den Teig auf das Backblech, streichen ihn glatt und verteilen die Kirschen darauf. Backen Sie den Kuchen bei 160 °C Umluft für ca. 50 Minuten.

ZIMTSCHNECKEN

ARBEITSZEIT: ca. 25 Minuten
RUHEZEIT: ca. zwei Stunden
BACKZEIT: ca. 20 Minuten
GESAMTZEIT: ca. zwei Stunden und 45 Minuten

ZUTATEN

TEIG:

200 g Hermann-Sauerteig

350 g Mehl, Type 550

110 ml lauwarme Milch

60 g zerlassene Butter,

½ TL Salz

½ TL Kardamom

½ TL Zimt

8 g frische Hefe

FÜLLUNG:

40 g zerlassene Butter

60 g Zucker

1 TL Kardamom

1 TL Zimt

ZUM BESTREICHEN:

1 Ei

Zucker/ Zimt nach Belieben

ZUBEREITUNG

Bröseln Sie die Hefe in das Mehl, geben alle Zutaten für den Teig in eine Schüssel und kneten Sie ca. sechs Minuten den Teig. Der Teig ist fertig, wenn er sich vom Rand löst und eine glatte Kugel wird.

Lassen Sie jetzt den Teig ca. eine Stunde an einem warmen Ort gehen, bis er sein Volumen deutlich vergrößert hat.

Geben Sie den Teig auf eine bemehlte Arbeitsfläche und rollen ihn zu einer rechteckigen, dünnen Fläche aus. Mischen Sie den Zucker, Zimt und Kardamom zusammen. Bestreichen Sie den ausgerollten Teig mit der zerlassenen Butter und bestreuen ihn gleichmäßig mit dem Zimt-Zucker-Gemisch.

Anschließend rollen Sie den Teig zu einem dicken Strang ein. Fangen Sie dabei von der Längsseite an. Schneiden Sie den Strang in ca. vier cm dicke Scheiben.

Legen Sie die Scheiben mit der geschnittenen Seite nach unten auf ein mit Backpapier ausgelegtes Backblech und drücken sie noch etwas flach.

Decken Sie die Teiglinge mit einem Tuch ab und lassen sie für ca. 30 Minuten aufgehen.

Bestreichen Sie danach die Zimtschnecken mit verquirltem Ei und bestreuen sie nach Wunsch mit Zimt und Zucker.

Backen Sie die Zimtschnecken ca. 20 Minuten bei 175 °C Umluft, bis sie goldbraun sind.

SCHOKO-BEEREN-MUFFINS

ARBEITSZEIT: ca. 25 Minuten
BACKZEIT: ca. 20 Minuten
GESAMTZEIT: ca. 45 Minuten

ZUTATEN

1 Tasse Hermann Sauerteig

3 Tassen Mehl

1 Tasse Zucker

½ Tasse Öl

½ Tasse Kakaopulver

1 Tasse Milch oder Buttermilch

1 Pck. Backpulver

1 Pck. Vanillezucker

1 Prise Salz

3 Eier

1 Tasse Beeren z. B. Himbeeren, Kirschen, frisch oder TK

ZUBEREITUNG

Heizen Sie den Backofen auf 180 °C Umluft vor und fetten Sie die Muffinform ein

Geben Sie alle Zutaten – außer die Beeren – in eine Rührschüssel und verarbeiten sie zu einem glatten Teig.

Am Ende rühren Sie die Beeren vorsichtig auf kleinster Stufe unter.

Backen Sie die Muffins ca. 20 Minuten.

PANETTONE

ARBEITSZEIT: ca. eine Stunde
RUHEZEIT: ca. 4,5 Stunden
BACKZEIT: ca. 45 Minuten
GESAMTZEIT: ca. 17 Stunden

ZUTATEN

320 g Weizensauerteig

280 g Weizenmehl, Type 405

2 Eier

50 g Zucker

3 g Salz

40 g Butter

30 g Zitronat

30 g Orangeat

30 g kandierte Kirschen

50 g Rosinen

1 TL Vanillezucker

10 g Butter

Puderzucker

ZUBEREITUNG

Stellen Sie alle Zutaten am Vorabend auf die Arbeitsplatte, damit sie am Backtag Zimmertemperatur haben.

Hacken Sie Zitronat, kandierte Kirschen und Orangeat klein und mischen es mit Vanillezucker. Schmelzen Sie 40 g und 10 g Butter bitte separat und lassen sie wieder auf Raumtemperatur abkühlen.

Kneten Sie das Mehl, den Weizensauerteig, 40 g Butter, ein Ei und das Salz zu einem glatten, geschmeidigen Teig. Fertig ist er, wenn er anfängt, Blasen zu werfen und sich vom Schüsselrand löst. Anschließend geben Sie die Früchte und das zweite Ei hinzu und kneten den Teig nochmals für ca. zwei Minuten.

Die Konsistenz des Teiges ist sehr weich.

Lassen Sie jetzt den abgedeckten Teig bei Zimmertemperatur ca. 30 Minuten ruhen.

Fetten Sie zwischenzeitlich eine Panettone-Springform ein und legen sie mit Backpapier aus.

Fetten Sie jetzt die Arbeitsfläche und Ihre Hände mit der restlichen weichen Butter ein. Kippen Sie den Teig auf die Arbeitsfläche und ziehen mehrmals die Ränder von der Seite her zur Mitte. Wiederholen Sie es, bis eine Kugel entstanden ist. Unten soll sie glattsein und oben überlappende Falten haben. Nun setzen Sie die Kugel mit den Falten nach unten in die Springform. Achten Sie darauf, dass die Oberfläche des Teiges glatt und gespannt sein soll. Je mehr Sie Ihre Hände einfetten, umso besser geht es.

Lassen Sie jetzt den Teig an einem ca. 35 bis 40 °C warmen Ort für ca. vier bis fünf Stunden aufgehen. Damit er nicht austrocknet, decken Sie die Form am besten mit einem feuchten Tuch ab. Heizen Sie den Backofen auf 200 °C Ober-/ Unterhitze vor. Backen Sie den Kuchen für ca. 25 Minuten, danach öffnen Sie kurz die Backofentür und reduzieren die Temperatur auf 175 °C. Backen Sie den Panettone für weitere 15 bis 20 Minuten fertig.

Bestreichen Sie den noch heißen Kuchen mit der restlichen weichen Butter (10 g) und bestreuen ihn mit Puderzucker. Anschließend lassen Sie den Panettone vollständig auskühlen.

APFEL-STREUSELKUCHEN

ARBEITSZEIT: ca. 25 Minuten
RUHEZEIT: ca. zwei Stunden
BACKZEIT: ca. 35 Minuten
GESAMTZEIT: ca. 3 Stunden

ZUTATEN

TEIG:

350 g Mehl, Type 550

200 g Hermann Sauerteig

100 g zerlassene Butter

25 g Zucker

50 ml lauwarme Milch

1 Ei

7 g frische Hefe

2 g Salz

BELAG:

5 Äpfel

Zimt

1 Spritzer Zitronensaft

STREUSEL:

300 g Mehl, Type 405

100 g Zucker

200 g Butter

1 Pck. Bourbon Vanillezucker

Zimt

ZUBEREITUNG

Bröseln Sie die Hefe in das Mehl, geben die Zutaten für den Teig in eine Schüssel und kneten den Teig für fünf bis sieben Minuten gut durch. Fertig ist der Teig, wenn er sich vom Schüsselrand löst. Lassen Sie den Teig für ca. 90 Minuten an einem warmen Ort gut aufgehen.

Zwischenzeitlich bereiten Sie die Äpfel und die Streusel vor. Dazu schälen und entkernen Sie die Äpfel und schneiden sie in dünne Spalten. Streuen Sie Zimt über die Apfelspalten und bespritzen Sie mit Zitrone.

Für die Streusel vermischen Sie alle Zutaten in einer Rührschüssel miteinander und kneten den Teig mit den Knethaken des Handrührgerätes, bis sich Streusel gebildet haben. Wichtig dabei ist, dass die Butter erst kurz vorher aus dem Kühlschrank genommen wird.

Legen Sie ein Backblech mit Backpapier aus und verteilen Sie den Teig auf dem Blech. Verteilen Sie die Apfelscheiben gleichmäßig darauf, streuen die Streusel darauf und lassen den Teig an einem warmen Ort für ca. 20 bis 30 Minuten gehen.

Schalten Sie den Ofen auf 175 °C Umluft und schieben Sie das Blech in den Ofen. Nach ca. 35 Minuten ist der Kuchen fertig.

Tipp: Wenn Sie die Streusel schön knusprig mögen, bestreuen Sie diese vor dem Backen mit ein wenig Zimtzucker.

Dieses Rezept eignet sich auch für alle anderen Obstsorten, Sie können es auch anstatt mit Obst mit Apfelmus und Vanillepudding zubereiten. Dafür verwenden Sie eine Packung Puddingpulver und 500 g Apfelmus.

MUFFINS MIT SAUERTEIG UND ROSINEN

ARBEITSZEIT: ca. 40 Minuten
RUHEZEIT: ca.18 Stunden
BACKZEIT: ca. 30 Minuten
GESAMTZEIT: ca.19 Stunden

ZUTATEN

SAUERTEIG-ANSATZ:

9 EL gemahlenen Mais

1 TL Rohrzucker

½ TL Hefe

kohlensäurehaltiges Mineralwasser

TEIG:

400 g gemahlenen Mais
100 g gemahlene Kichererbsen
100 g gemahlener Amarant
50 g gemahlene Hirse
50 g gemahlener Naturreis
1 TL Rohrzucker
2 TL Salz
250 g Rosinen
2 EL Sonnenblumenkerne ganz oder gemahlen
2 EL Leinsamen ganz oder gemahlen
2 EL Sesam ganz oder gemahlen
1 EL gemahlenen Koriander
800 ml kohlensäurehaltiges Mineralwasser

ZUBEREITUNG

SAUERTEIGANSATZ:

Verrühren Sie alle Zutaten gut miteinander, füllen den Teig in ein Schraubglas mit 720 ml Fassungsvermögen und legen den Deckel darauf. Lassen Sie den Ansatz über Nacht bei Zimmertemperatur gehen.

HAUPTTEIG:

Vermischen Sie die trockenen Zutaten miteinander, geben anschließend das Mineralwasser und den Sauerteigansatz hinzu und verrühren alles miteinander zu einem geschmeidigen Teig. Decken Sie die Schüssel mit einem feuchten Tuch ab und lassen den Teig ca. zwei bis drei Stunden gehen. Danach rühren Sie den Teig noch einmal gut durch und geben ihn löffelweise in 24 eingefettete Muffinformen.

Jetzt den Teig für ca. eine Stunde ruhen lassen.

Heizen Sie den Backofen auf 140 °C Umluft vor und backen die Muffins für ca. 30 Minuten.

VANILLE-ROSINEN-SCHNECKEN

ARBEITSZEIT: ca. 40 Minuten
BACKZEIT: ca. 20 Minuten
GESAMTZEIT: ca. 60 Minuten

ZUTATEN

TEIG:

100 g Weizensauerteig

100 g Vollkorn-Weizenmehl

200 g Weizenmehl, Type 500

150 g Sojamilch Vanillegeschmack

2 EL Sonnenblumenöl

1 Pck. Vanillinzucker

1 Prise Salz

FÜLLUNG:

50 g geschmolzene Butter

50 g gemahlene Nüsse oder Mandeln

10 g gehackte Nüsse oder Mandeln

1 Pck. Vanillinzucker

20 g Zucker

75 ml Sojamilch Vanillegeschmack

75 g Rosinen

1 Prise Zimt

Puderzucker und Wasser für den Zuckerguss

ZUBEREITUNG

Mischen Sie die Zutaten zusammen und verkneten sie zu einem elastischen Teig. Sollte er zu trocken sein, geben Sie noch etwas Flüssigkeit hinzu.

Anschließend soll der Teig ca. 30 Minuten ruhen.

Jetzt kneten Sie den Teig nochmals gut durch und rollen ihn auf der bemehlten Arbeitsfläche zu einer 30 x 40 cm großen Platte aus.

Vermischen Sie jetzt die Zutaten für die Füllung ohne die Rosinen und verteilen Sie gleichmäßig auf dem Teig. Zum Schluss geben Sie die Rosinen auf den Teig. Rollen Sie jetzt die Platte von der breiten Seite her auf. Schneiden Sie die Rolle in zwei bis drei cm breite Scheiben, legen diese auf das Backblech und drücken sie leicht flach.

Decken Sie die Teiglinge mit einem feuchten Tuch ab und lassen sie an einem warmen Ort für ca. zwei bis drei Stunden gehen.

Backen Sie jetzt die Schnecken bei 175 °C Ober-/ Unterhitze für ca. 20 Minuten.

Lassen Sie die Schnecken gut auskühlen und glasieren sie mit Zuckerguss.

ZWIEBELKUCHEN AMBERG-SULZBACHER ART

ARBEITSZEIT: ca. 35 Minuten
BACKZEIT: ca. 20 Minuten
GESAMTZEIT: ca. 55 Minuten

ZUTATEN

160 g Sauerteig

230 g Weizenmehl

180 ml Wasser

10 g Salz

½ Pck. Trockenhefe (ca. 4 g)

4 Zwiebeln (ca. 500 g)

50 g Butterschmalz

1 TL Zucker

3 EL Speisestärke

Salz und Pfeffer

ZUBEREITUNG

Geben Sie den Sauerteig mit dem Weizenmehl, Salz, Hefe und Wasser in eine Schüssel und mischen die Zutaten gut durch.

Legen Sie ein großes Pizzablech mit Backpapier aus und verteilen Sie den Teig gleichmäßig auf dem Blech. Am besten gelingt es mit einem Silikon-Teigschaber.

Lassen Sie den Teig nun für ca. 30 Minuten ruhen.

Schälen Sie in der Ruhezeit die Zwiebeln und schneiden sie in feine Ringe. Anschließend erhitzen Sie das Butterschmalz in einer Pfanne und geben die Zwiebelringe mit einem gehäuften TL Zucker dazu und würzen sie mit wenig Salz und Pfeffer. Dünsten Sie die Zwiebeln so lange, bis die Flüssigkeit fast vollständig verdampft ist. Achten Sie darauf, dass die Zwiebeln nicht braun werden. Nun nehmen Sie die Pfanne vom Herd, lassen die Zwiebeln etwas abkühlen und mischen sie mit drei EL Speisestärke.

Verteilen Sie die Zwiebeln mit den Fingern gleichmäßig auf den Teig.

Heizen Sie den Backofen auf 250 °C Umluft vor und schieben den Zwiebelkuchen nach Erreichen der Temperatur in den Ofen. Nach ca. 20 Minuten ist der Zwiebelkuchen fertig.

SAUERTEIGPLÄTZCHEN

ARBEITSZEIT: ca. 30 Minuten
BACKZEIT: ca. 10 bis 15 Minuten
GESAMTZEIT: ca. 45 Minuten

ZUTATEN

120 g Anstellgut TA 200

70 g gemahlene Nüsse

50 g Vollkornmehl

40 g weiche Butter

30 g Puderzucker

1 Prise Salz

nach Wunsch Lebkuchengewürz, Zimt oder Anis

Zimt und Zucker zum Bestreuen

ZUBEREITUNG

Verkneten Sie alle Zutaten gut miteinander, dass ein geschmeidiger Teig entsteht. Rollen Sie den Teig auf einem Blatt Backpapier aus und stechen Sie nach Wunsch Plätzchen aus.

Bestreuen Sie diese vor dem Backen mit Zimt und/oder Zucker.

Backen Sie die Plätzchen für 10 bis 15 Minuten bei 180 °C Umluft.

SAUERTEIG GRISSINI

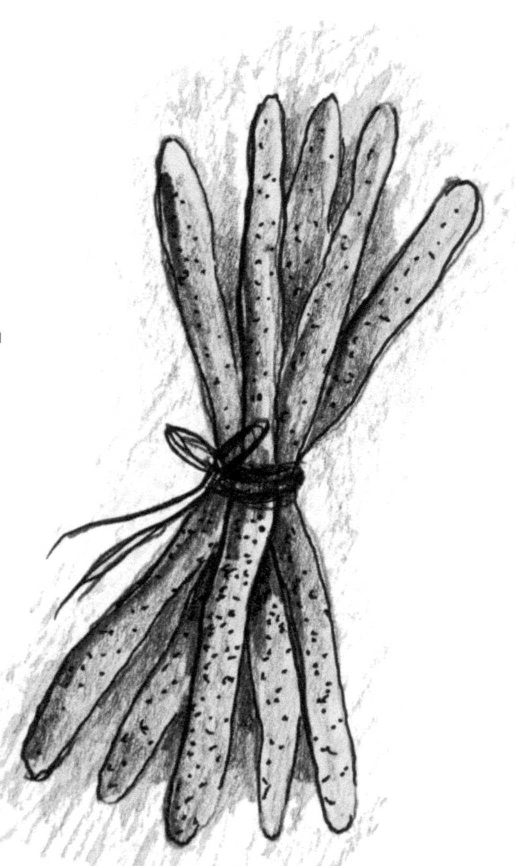

ARBEITSZEIT: ca. 30 Minuten
RUHEZEIT: zwei Stunden
BACKZEIT: ca. 10 bis 15 Minuten
GESAMTZEIT: ca. zwei Stunden 45 Minuten

ZUTATEN

200 g Sauerteigreste

100 g Grieß

100 g Weizenmehl, Type 1050

150 ml Wasser

30 ml Olivenöl

1,5 g Hefe

2 El gehackter frischer Rosmarin

9 g Salz

ZUBEREITUNG

Mischen Sie die Zutaten gut durch und kneten Sie, bis ein geschmeidiger Teig entstanden ist. Lassen Sie den Teig für ca. 90 Minuten gehen.

Teilen Sie nun den Teig in 15 bis 20 g schwere Kugeln und rollen daraus ca. 25 cm lange Grissini. Geben Sie diesen ca. 30 Minuten Ruhe. Diese Ruhezeit macht die Grissini im Ofen etwas lockerer. Bestreuen Sie sie jetzt mit grobem Meersalz.

Heizen Sie den Ofen auf 220 °C Ober- / Unterhitze vor, geben nach 30 Minuten die Grissini in den Ofen und backen sie je nach Dicke für ca. 10 bis 15 Minuten.

Um ein schnelleres Austrocknen der Grissini zu erreichen, einfach noch ein paar Minuten im Ofen lassen. Danach sind sie bestens zum Dippen geeignet.

ÜBERBACKENE MINI-FLADENBROTE

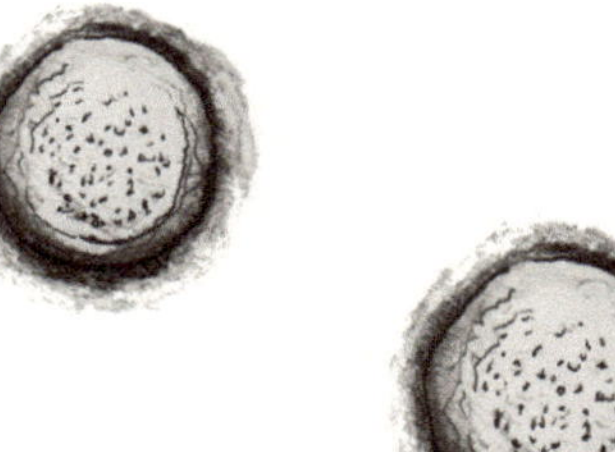

ARBEITSZEIT: ca. 20 Minuten
RUHEZEIT: ca. drei Stunden
BACKZEIT: ca. 30 Minuten
GESAMTZEIT: ca. drei Stunden und 50 Minuten

ZUTATEN

TEIG:

¼ Würfel frische Hefe
150 ml lauwarmes Wasser
100 g Roggenvollkornmehl
100 g Weizenmehl
1 TL Salz
75 g Sauerteig

BELAG:

1 Pck. Brotaufstrich (175 g)
100 g Schmand
50 ml Sahne
1 Knoblauchzehe
100 g Schinkenwürfel
100 g geriebenen Käse

ZUBEREITUNG

Geben Sie das lauwarme Wasser in eine große Rührschüssel und verrühren darin die Hefe, bis sie sich aufgelöst hat. Geben Sie den Sauerteig, das Mehl und Salz dazu und kneten Sie es ca. fünf bis sieben Minuten zu einem festen Teig.

Decken Sie nun die Schüssel mit einem Tuch ab und lassen den Teig an einem warmen Ort gehen, bis sich sein Volumen mindestens verdoppelt hat.

Anschließend den Teig noch mal gut mit der Hand durchkneten und in vier gleich große Teile teilen.

Formen Sie aus jedem Teil einen Fladen und legen diese auf ein mit Backpapier ausgelegtes Backblech.

Heizen Sie jetzt den Ofen auf 220 °C Ober-/ Unterhitze vor. In dieser Zeit können die Fladen noch ruhen.

Backen Sie nach Erreichen der Temperatur die Fladen für 15 bis 20 Minuten.

Zerdrücken Sie am besten mit einem Mörser den Knoblauch und geben ihn in eine kleine Schüssel. Geben Sie den Schmand, den Ofenbelag und die Sahne zum Knoblauch dazu und verrühren alles gut miteinander. Verteilen Sie die Masse gleichmäßig auf den Fladen. Zum Schluss die Schinkenwürfel und den Käse darüber geben.

Jetzt für 15 Minuten im Ofen überbacken.

DORTMUNDER SCHUHSOHLEN

ARBEITSZEIT: ca. eine Stunde
RUHEZEIT: ca. eine Stunde 30 Minuten
BACKZEIT: ca. 25 Minuten
GESAMTZEIT: ca. zwei Stunden 55 Minuten

ZUTATEN

TEIG:

300 g Mehl, Type 550

100 g Mehl, Type 1050

100 g Mehl, Type 405

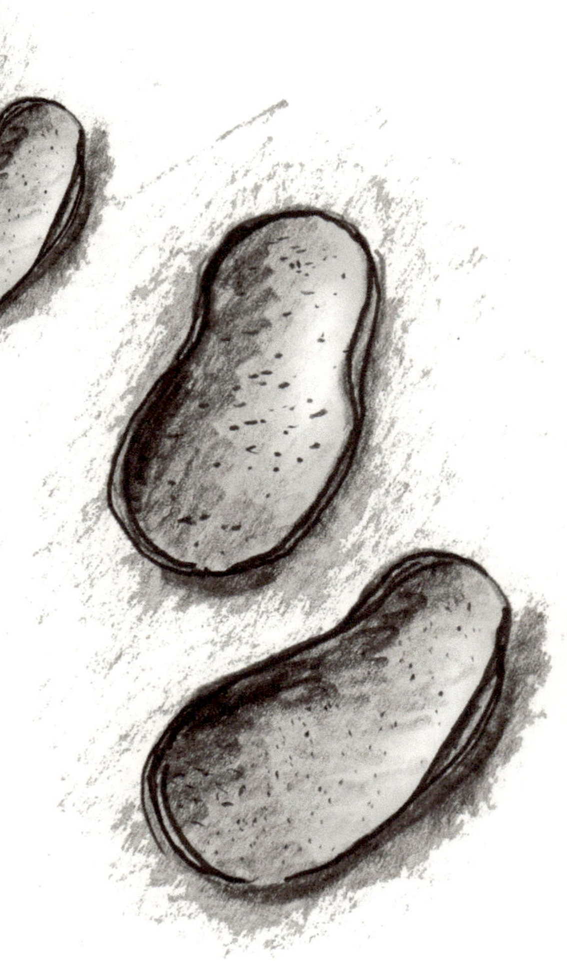

1 TL Salz

½ TL Zucker

1 EL Sauerteig

320 ml Wasser

½ Würfel frische Hefe

TOPPING:

400 g saure Sahne

200 g Crème fraîche

300 g geriebenen Käse, Gouda oder Emmentaler

2 Eigelb

1 Bund Lauchzwiebeln

1 rote Paprikaschote

1 gelbe Paprikaschote

etwas Salz und Pfeffer, schwarz, aus der Mühle

2 EL Schnittlauchröllchen

ZUBEREITUNG

TEIG:

Vermischen Sie alle trockenen Zutaten und dem Sauerteig in einer Rührschüssel. Füllen Sie von dem Wasser 100 ml in eine kleine Schüssel. Geben Sie einen halben TL Zucker dazu und rühren den Hefewürfel glatt. Lassen Sie die Hefemischung ca. 15 Minuten stehen.

Bei der Verwendung von Trockenhefe geben Sie diese mit in die Mehlmischung und fügen das Wasser portionsweise zu.

Geben Sie nach den 15 Minuten die jetzt leicht prickelnde Hefemischung zum Mehl dazu und kneten sie mit den Knethaken gut unter. Fügen Sie dabei die restliche Wassermenge zu. Kneten Sie den Teig so lange, bis der Teig nicht mehr am Schüsselrand kleben bleibt und schön geschmeidig ist. Wenn er zu flüssig ist, geben Sie noch ein wenig Mehl (Typ 405) dazu.

Nehmen Sie nun den Teig aus der Schüssel und formen ihn per Hand zu einer Kugel. Diese legen Sie mit dem Schluss nach unten wieder zurück in die Schüssel und decken Sie mit einem Tuch ab. Stellen Sie die Schüssel an einen warmen Ort und lassen den Teig für ca. 30 Minuten gehen. Das Volumen sollte sich in dieser Zeit deutlich verdoppelt haben.

Anschließend legen Sie die Teigkugel auf eine mit Mehl bestreute Arbeitsfläche und kneten Sie noch einmal gut durch. Teilen Sie nun den Teig in acht gleich schwere Stücke. Bearbeiten Sie jetzt jeden Teigling nach der Stretch-and-Fold-Methode. Jetzt die Teiglinge für ca. fünf Minuten ruhen lassen.

Rollen Sie jeden Teigling zu einem länglichen Fladen aus. Legen Sie jeweils vier Fladen auf ein mit Backpapier ausgelegtes Backblech. Decken Sie die Bleche ab und lassen sie bei Raumtemperatur ruhen.

TOPPING:

Waschen und putzen Sie in der Ruhezeit die Lauchzwiebeln und Paprikaschoten. Schneiden Sie die Paprika in kleine Würfel und die Zwiebel in nicht zu dünne Streifen. Verwenden Sie auch den grünen Teil der Lauchzwiebel mit. Waschen Sie den Schnittlauch, trocknen ihn und schneiden ihn zu kleinen Röllchen, die Sie als Deko verwenden.

Verrühren Sie Crème fraîche, saure Sahne, die zwei Eigelbe und den Reibekäse miteinander und würzen es herzhaft mit Salz und Pfeffer. Heben Sie jetzt die Lauchzwiebeln und Paprika unter.

Verteilen Sie die Masse gleichmäßig auf den Schuhsohlen und streichen sie glatt. Jetzt nochmals die Fladen für ca. 30 Minuten gehen lassen. In dieser Zeit sollen sie deutlich an Volumen zugelegt haben. Während des Backvorganges gehen die Schuhsohlen noch mal richtig auf.

Heizen Sie den Backofen auf 200 °C Ober- / Unterhitze vor.

Backen Sie die Schuhsohlen auf mittlerer Schiene für ca. 20 bis 25 Minuten. Fertig sind sie, wenn sie schön goldbraun geworden sind.

Bestreuen Sie die Schuhsohlen mit dem Schnittlauch und heiß servieren.

Tipp:

Als Beilage passt ein grüner Salat mit Gurken und Tomaten dazu.

RAHMFLECKERL

ARBEITSZEIT: ca. 50 Minuten
RUHEZEIT: ca. zwei Stunden
BACKZEIT: ca. 25 Minuten
GESAMTZEIT: ca. drei Stunden 15 Minuten

ZUTATEN FÜR 20 PORTIONEN:

TEIG:

700 g Vollkorn-Roggenmehl

300 g Weizenmehl, Type 1050

3 TL Salz

3 TL Brotgewürzmischung, z. B. Koriander, Schabzigerklee, Fenchel, Kümmel

1 Pck. Sauerteig, trocken oder flüssig, für etwa 700 g Mehl

42 g Hefe

630 ml lauwarmes Wasser

1 TL Honig oder Zucker

2 EL milden Apfelessig

FÜLLUNG:

200 g Katenschinken

250 g Käse, z. B. Gouda, Emmentaler

DEKORATION:

200 g saure Sahne

1 Bund Schnittlauch

ZUBEREITUNG

Vermischen Sie die beiden Mehlsorten mit dem Gewürz und dem Salz. Bei Verwendung eines Trockensauerteiges diesen auch mit untermischen.

Drücken Sie in die Mehlmischung eine Mulde in der Mitte und die in lauwarmem Wasser aufgelöste Hefe mit dem Zucker oder Honig hineingießen. Vermischen Sie die Hefe mit ein bisschen Mehl zu einem kleinen Vorteig. Bedecken Sie jetzt die Schüssel mit einem Tuch und lassen sie an einem warmen Ort für ca. 15 bis 20 Minuten gehen und der Vorteig an Volumen zugenommen hat. Anschließend geben Sie den Essig und ggf. den flüssigen Sauerteig hinzu und kneten die Masse gut durch. Wieder abdecken und so lange gehen lassen, bis sich das Volumen etwa verdoppelt hat. Diese Ruhezeit beträgt ca. 40 bis 60 Minuten. Sollte der Teig zu fest sein, geben Sie noch ein wenig Wasser hinzu. Die Konsistenz soll so beschaffen sein, dass der Teig nicht so sehr klebt, aber sich gut formen und kneten lässt.

Zwischenzeitlich bereiten Sie die Füllung zu. Schneiden Sie den Schinken in kleine Würfel und raspeln Sie den Käse. Für die Dekoration können Sie jetzt schon die Kräuter klein schneiden.

Kneten Sie den Teig nun nochmals gründlich durch und rollen Sie die Hälfte davon auf einem mit Backpapier ausgelegten Backblech aus. Teilen Sie jetzt gedanklich den Teig in vier oder sechs große Quadrate und belegen diese mit dem Schinken und Käse.

Rollen Sie jetzt die zweite Teighälfte ebenfalls zur selben Größe aus, bedecken damit die erste Teighälfte und stechen mit einem Messer oder einer Teigplatte die Rahmfleckerl aus. Decken Sie jetzt das Backblech ab und lassen die Rahmfleckerl für ca. 20 bis 30 Minuten an einem warmen Ort gehen.

Heizen Sie zwischenzeitlich den Backofen auf 220 °C Ober-/ Unterhitze vor. Schieben Sie das Blech in den heißen Ofen und stellen auf den Boden ein mit Wasser gefülltes feuerfestes Gefäß. Nach ca. zehn bis zwölf Minuten reduzieren Sie die Temperatur auf 180 °C. Nach weiteren 10 bis 15 Minuten sind die Fleckerl fertig gebacken. Zum Servieren rühren Sie den Sauerrahm glatt, klecksen ihn auf die Rahmfleckerl und bestreuen Sie mit den vorbereiteten Kräutern.

HASELNUSS-SCHOKO-COOKIES

ARBEITSZEIT: ca. 15 Minuten
BACKZEIT: ca. 15 Minuten
GESAMTZEIT: ca. 30 Minuten

ZUTATEN FÜR 15 PLÄTZCHEN:

150 g weiche Butter

120 g Vollrohrzucker

120 g Roggen-Sauerteig

120 g Dinkel-Vollkornmehl

1 TL Backpulver

1 Prise Salz

80 g Haselnusskerne

50 g Schokotropfen aus Zartbitterschokolade

ZUBEREITUNG

Schlagen Sie die Butter und Zucker mit dem Handrührgerät schaumig und rühren Sie den Sauerteig unter.

Geben Sie anschließend das Mehl, Salz und Backpulver dazu und mischen es gut miteinander durch. Hacken Sie jetzt die Haselnüsse und heben diese mit den Schokotropfen unter den Teig. Geben Sie mit einem Esslöffel ca. 15 Teigkleckse auf ein mit Backpapier ausgelegtes Backblech. Achten Sie darauf, genügend Abstand zu den einzelnen Klecksen zu lassen.

Heizen Sie den Backofen auf 180 °C Umluft und backen Sie die Cookies für ca. 10 bis 15 Minuten.

Anschließend lassen Sie die Plätzchen auf einem Kuchengitter abkühlen.

SAUERTEIG GALETTE

ARBEITSZEIT: ca. 30 Minuten
RUHEZEIT: ca. 35 Minuten
BACKZEIT: ca. 30 Minuten
GESAMTZEIT: ca. eine Stunde 35 Minuten

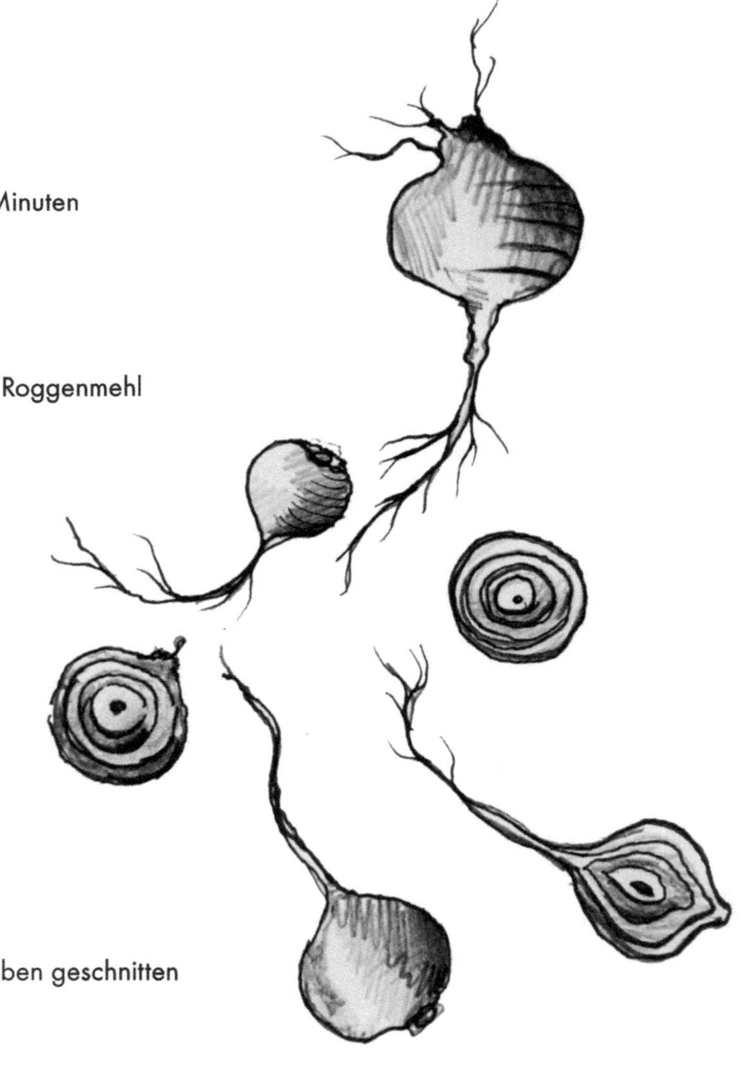

ZUTATEN

TEIG:

80 g Weizen- oder Dinkelmehl 30 g Roggenmehl

45 g Kürbiskerne

2 g Salz

75 g Butter, kalt

50 g Sauerteig-Anstellgut

20 ml kaltes Wasser

BELAG:

50 g Ricotta

1/4 Zitrone

Salz

Pfeffer

1-2 Rote-Beete-Knollen in feine Scheiben geschnitten

1 Burrata

Olivenöl

optional kann Zitronen-/ Orangenabrieb oder Zitrusmarmelade verwendet werden

ZUBEREITUNG

TEIG:

Vermischen Sie am besten die Mehlsorten, das Salz und die Kürbiskerne kurz mit dem Handmixer so, dass alles gut durchgemischt ist.

Geben Sie die Butter hinzu und mixen weiter bis kleine Krümel entstanden sind.

Jetzt geben Sie das Wasser und das Anstellgut dazu und mixen weiter, bis ein glatter, geschmeidiger Teig entstanden ist.

Kneten Sie nun den Teig auf einer bemehlten Arbeitsfläche kurz durch und formen ihn zu einer flachen Scheibe. Diese packen Sie mit Frischhaltefolie ein und legen sie für ca. 30 Minuten in den Kühlschrank.

In der Zwischenzeit heizen Sie den Ofen auf 190 °C Ober-/ Unterhitze vor und stellen ein Backblech bereit. Nach der Ruhezeit nehmen Sie den Teig aus dem Kühlschrank und lassen ihn für fünf Minuten sich akklimatisieren.

Rollen Sie den Teig auf einem Bogen Backpapier zu einer Höhe von ca. drei bis fünf mm aus. Legen Sie nun die Galette mit dem Backpapier auf das Backblech.

BELAG:

Verrühren Sie den Ricotta mit Salz, Pfeffer und den Zitronenabrieb. Streichen Sie die fertige Masse auf den Teig, lassen Sie dabei am Rand einen Streifen zum Umklappen frei. Legen Sie nun die Rote-Beete-Scheiben schuppenartig auf den Ricotta.

Schieben Sie das Blech in den Ofen und backen die Galette für ca. 25 Minuten. Wenn der Teig eine schöne Bräunung angenommen hat, ist die Galette fertig gebacken. Schauen Sie zwischenzeitlich auch den Boden an, er soll auch eine schöne Farbe haben, denn nur dann ist die Galette wunderbar knusprig.

Belegen Sie die Galette gleich nachdem sie fertig gebacken ist mit den Burrata Stücken. Zum Schluss würzen Sie noch mit Salz, Pfeffer und Olivenöl. Wenn Sie möchten, können Sie noch ein wenig Zitronen- oder Orangenabtrieb oder Zitrusmarmelade darauf geben.

Servieren Sie die Galette noch heiß.

CREMIGER SAUERTEIG-SNACK

ZUTATEN

ERSTER TOPF:

3/8 l Sauerrahm

½ l scharfer Cheddarkäse

130 ml gehackte Frühlingszwiebel

1 TL Worcestershiresauce

ZWEITER TOPF:

½ l scharfen Cheddarkäse

3/8 l gekochter Schinken

400 g Sauerteigbrot

Gehackte frische Petersilie

ZUBEREITUNG

Schalten Sie den Herd auf kleine Hitze an, stellen den ersten Topf auf die Herdplatte und rühren die Masse, bis alles schön vermischt ist. Fügen Sie nun die Zutaten vom zweiten Topf hinzu, bis der Käse vollständig geschmolzen und der Schinken heiß ist.

Höhlen Sie nun das Brot vorsichtig oben und unten aus, damit eine Schale entsteht. Schneiden Sie das Brot in Würfel, gießen den Dip in die Schale und bestreuen ihn mit Petersilie.

Servieren Sie den Dip gemeinsam mit den Brotwürfeln.

ÜBERBACKENES SAUERTEIGBROT SANDWICH MIT BANANE UND THYMIAN

ZUTATEN

4 Scheiben Sauerteigbrot

2 TL Olivenöl

2 mittelgroße Bananen

1 mittelgroße Zitrone

2 EL Honig

2 Zweige Thymian

ZUBEREITUNG

Beträufeln Sie das Brot mit Olivenöl und toasten Sie es leicht an.

Schälen Sie eine Banane und schneiden sie in Scheiben. Reiben Sie die vorher gut gewaschene Zitrone ab und pressen sie aus. Geben Sie beides in eine Schüssel, fügen den Honig und die zweite Banane zu und pürieren es mit einer Gabel. Zum Schluss heben Sie vorsichtig die Bananenscheiben unter.

Verteilen Sie die fertige Mischung auf den Brotscheiben und streuen einige Thymianblätter darüber. Legen Sie die zweite Scheibe Brot darüber und drücken sie leicht an. Nun für ca. 20 Sekunden in die Mikrowelle bei 800 Watt erwärmen.

SAUERTEIG-MÜSLI-STANGEN

ARBEITSZEIT: ca. 25 Minuten
RUHEZEIT: ca. vier Stunden
BACKZEIT: ca. 25 Minuten
GESAMTZEIT: ca. fünf Stunden

ZUTATEN

500 g Früchte-Müsli-Mischung

½ Würfel frische Hefe

150 g frischer Sauerteig

700 g Weizenmehl

2 TL Salz

ZUBEREITUNG

Messen Sie vom Müsli 300 g ab, geben 400 ml Wasser dazu und lassen es ca. zwei Stunden aufweichen.

Geben Sie anschließend 150 ml ca. 40 °C warmes Wasser in eine Rührschüssel, bröckeln die Hefe hinein und lösen Sie auf. Geben Sie jetzt den Sauerteig, das Mehl, Salz und das Müsli hinzu und kneten Sie den Teig auf kleiner Stufe für ca. fünf Minuten.

Nun lassen Sie den Teig für ca. 60 Minuten gehen.

Anschließend geben Sie den Teig auf eine bemehlte Arbeitsfläche, kneten ihn noch mal kurz durch und rollen ihn als Rechteck von ca. 40 x 60 cm aus. Streichen Sie die Teigplatte gleichmäßig mit Wasser ein. Teilen Sie den Teig in zwei Teile von ca. 20 x 60 cm. Streuen Sie auf eine Teigplatte die restliche Müsli-Mischung.

Legen Sie die zweite Platte so auf die erste, dass die mit Wasser bepinselte Fläche nach unten zeigt, und drücken Sie gut an. Schneiden Sie jetzt den Teig in ca. vier cm breite Streifen. Die Stangen in sich verdrehen und auf ein mit Backpapier ausgelegtes Backblech legen. Achten Sie dabei auf genügend Abstand zwischen den einzelnen Stangen. Decken Sie die Stangen mit Folie ab und lassen sie für ca. 30 Minuten gehen.

In der Zwischenzeit heizen Sie den Backofen auf 225 °C Ober-/ Unterhitze vor. Schieben Sie das Blech auf der mittleren Schiene in den Ofen und backen die Müsli-Stangen für ca. 25 Minuten.

Nach Ende der Backzeit nehmen Sie die Stangen aus dem Ofen und lassen Sie auf einem Gitterrost abkühlen.

IMPRESSUM

ISBN 978-3-9824292-2-9

Autor wird vertreten durch:
SanApta Verlag
Moritz Noder
Bliggergasse 5
69239 Neckarsteinach

Covergestaltung und Konzept: Denise Gahn
Illustrationen: Denise Gahn
Kontakt: denisegahn@gmx.de · denisegahn.com

Jahr der Veröffentlichung: 2022

Druck: Libri Plureos GmbH, Friedensallee 273, 22763 Hamburg

Sie haben Fragen, Kritik oder Anregungen?

Senden Sie uns gerne Ihr Feedback an **info@das-schlauebuch.de**
Nur so können wir uns und unser Buch stetig weiterentwickeln.